FAMÍLIAS
INDESTRUTÍVEIS

FAMÍLIAS INDESTRUTÍVEIS

O QUE NÃO LHE ENSINARAM SOBRE
A CONSTRUÇÃO DE UM LAR

RAFAEL NERY

EDITORA VIDA
Rua Conde de Sarzedas, 246 — Liberdade
CEP 01512-070 — São Paulo, SP
Tel.: 0 xx 11 2618 7000
atendimento@editoravida.com.br
www.editoravida.com.br
@editora_vida /editoravida

Editora-chefe: Sarah Lucchini
Coordenação do projeto editorial: Mara Eduarda V. Garro
Editor: Paulo Peres
Revisão: Rosalice Gualberto
Revisão de provas: Eliane Viza, Jaqueline Angelica e Mara Eduarda V. Garro
Coordenadora de design gráfico: Claudia Fatel Lino
Projeto gráfico e diagramação: Marcelo Alves de Souza
Capa: Claudia Fatel Lino
Foto da capa: Arquivo pessoal

FAMÍLIAS INDESTRUTÍVEIS
© 2024, by Rafael Nery

Todos os direitos desta edição em língua portuguesa são reservados e protegidos por Editora Vida pela Lei 9.610, de 19/02/1998.

É proibida a reprodução desta obra por quaisquer meios (físicos, eletrônicos ou digitais), salvo em breves citações, com indicação da fonte.

▪

Exceto em caso de indicação em contrário, todas as citações bíblicas foram extraídas da *Nova Versão Internacional* (NVI)
© 1993, 2000, 2011 by *International Bible Society*, edição publicada por Editora Vida. Todos os direitos reservados.

Todas as citações bíblicas e de terceiros foram adaptadas segundo o Acordo Ortográfico da Língua Portuguesa, assinado em 1990, em vigor desde janeiro de 2009.

▪

As opiniões expressas nesta obra refletem o ponto de vista de seus autores e não são necessariamente equivalentes às da Editora Vida ou de sua equipe editorial.

Os nomes das pessoas citadas na obra foram alterados nos casos em que poderia surgir alguma situação embaraçosa.

Todos os grifos são do autor, exceto os indicados.

1. edição: mar. 2024

Dados Internacionais de Catalogação na Publicação (CIP)
(Câmara Brasileira do Livro, SP, Brasil)

Nery, Rafael
    Famílias indestrutíveis : o que não lhe ensinaram sobre a construção de um lar / Rafael Nery. -- 1. ed. -- São Paulo : Editora Vida, 2024.

    ISBN 978-65-5584-497-9
    e-ISBN 978-65-5584-507-5

    1. Casamento - Aspectos religiosos 2. Família - Aspectos religiosos - Cristianismo 3. Vida cristã I. Título.

24-194593   CDD-261.83585

Índice para catálogo sistemático:

1. Família : Aspectos religiosos : Cristianismo   261.83585
Tábata Alves da Silva - Bibliotecária - CRB-8/9253

DEDICATÓRIA

À minha amada esposa, Jéssica. Com profunda gratidão, celebro nosso compromisso conjunto de construir um lar que honra e glorifica o Senhor. Quando tínhamos 14 anos, não prometi a você que conseguiríamos?

Aos meus filhos, que são a fonte da minha força e a inspiração que me impulsiona a lutar todos os dias. O amor e a alegria que vocês trazem à minha vida são inestimáveis.

AGRADECIMENTOS

Ao soberano Autor do casamento, o Rei Jesus,
por graciosamente convocar um pobre pecador como
eu para a nobre batalha em prol da família.

Aos meus pais, cuja vida exemplifica a arte de
construir um lar inabalável e cujo amor perdura
como uma fonte de orientação e força.

Aos meus estimados sogros, por me acolherem
como um filho e jamais desistirem de mim,
mesmo em momentos difíceis.

Ao meu primo Marcelo Moura de Castro, cujo incentivo
foi crucial para a materialização deste livro.
Jamais esquecerei seus ensinamentos diários,
eles são um alicerce em minha vida.

À excepcional equipe da Editora Vida, pilares sem os
quais esse sonho não se concretizaria. Minha eterna
gratidão por sua paciência e dedicação incansáveis.

SUMÁRIO

PREFÁCIO 11

INTRODUÇÃO 17

Capítulo 1. A ontologia do amor 25

Capítulo 2. Os fundamentos matrimoniais 47

Capítulo 3. Símbolos e significados 65

Capítulo 4. A vida a dois 87

Capítulo 5. Fortalecendo o vínculo conjugal 107

Capítulo 6. Sexo e intimidade 127

Capítulo 7. A arte de resolver conflitos 143

Capítulo 8. O caminho da reconciliação 165

Capítulo 9. A herança do Senhor 183

Capítulo 10. A brevidade da vida 201

GUIA DE LEITURA 215

PREFÁCIO

Caro leitor,
É com profunda honra e humildade que inicio este prefácio, dedicado a apresentar-lhe um trabalho que se propõe a explorar as complexidades, as belezas e os desafios do casamento. Este livro não é apenas um compilado de ideias e reflexões, é uma jornada emocional, intelectual e espiritual rumo ao cerne da instituição matrimonial, um convite para explorar suas origens divinas e implicações terrenas.

Desde tempos imemoriais, o casamento é muito mais do que um simples contrato social ou cerimônia festiva; é a pedra angular sobre a qual as sociedades foram construídas e floresceram ao longo da história. De acordo com diversas culturas e tradições, o matrimônio não é apenas um ato humano, mas também um sacramento, uma união abençoada por Deus, que transcende os limites do tempo e do espaço.

À luz da Bíblia Sagrada somos lembrados que o matrimônio é uma aliança não apenas entre duas pessoas, mas também entre o homem, a mulher e o divino, uma expressão terrena da comunhão celestial entre Cristo e sua Igreja.

Famílias indestrutíveis

No entanto, apesar de sua importância e santidade inerentes, o casamento enfrenta desafios significativos no mundo contemporâneo. Vivemos em uma era de relativismo moral e incerteza cultural, em que as noções tradicionais de família e matrimônio são cada vez mais questionadas e desafiadas. Nesse contexto, é mais importante do que nunca reafirmar a autoridade e a beleza do casamento, lembrando-nos de que ele é uma dádiva de Deus e deve ser honrado com o devido respeito e reverência.

Como pastor, não posso deixar de compartilhar minhas próprias experiências e observações sobre o tema. Ao longo dos anos, testemunhei a beleza e as lutas do casamento, tanto em minha própria vida quanto na vida daqueles ao meu redor. Desde o momento em que decidi dedicar minha vida ao sacerdócio eclesiástico, há 33 anos, tenho sido confrontado com as muitas maneiras pelas quais o casamento é testado em nosso mundo atual.

No entanto, também testemunhei a redenção e a restauração que podem surgir quando casais se voltam a Deus em busca de orientação e força. Vi casamentos à beira do colapso serem transformados e renovados pela graça divina, testemunhei o poder transformador do amor e da fé em ação. Certamente é essa fé na capacidade do casal, com a graça divina, de superar os desafios e florescer mesmo nas circunstâncias mais difíceis que inspirou o autor a escrever este livro.

Rafael Nery tem-se revelado um dos mais destacados líderes cristãos nesta época de guerra espiritual pela família. Minha alegria e surpresa não poderiam ter sido maiores. Rafael é meu filho, um jovem pastor apaixonado por Deus e, mais do que isso, ele e a sua esposa, Jéssica, me deram três netos maravilhosos; juntos, em família, vivem aquilo que pregam.

Sinto-me como um pai que não conseguia imaginar o que o seu filho seria. Então, de repente, Rafael se tornou um líder reconhecido internacionalmente. Por quê? Porque permitiu

Prefácio

que Deus o visitasse com uma maravilhosa experiência de santidade pessoal e recebeu a unção sobrenatural do Senhor para comunicar a mensagem da pureza do casamento para o corpo de Cristo.

Ao longo das próximas páginas, o autor nos convida a mergulhar nas profundezas do matrimônio, explorando suas origens divinas, suas implicações práticas e ramificações espirituais. Examina diversas perspectivas sobre o tema, desde ensinamentos tradicionais até as mais recentes reflexões filosóficas e teológicas.

Portanto, parabenizo você, caro leitor, por abraçar esta jornada de descoberta e redescoberta do verdadeiro significado e propósito do casamento. Que este livro seja não apenas uma fonte de conhecimento e inspiração, ou um conjunto de teorias e conceitos, mas um guia prático para aqueles que desejam construir casamentos que resistam ao teste do tempo e das provações da vida. Que cada um de vocês possa desenvolver casamentos fortes, felizes e duradouros, baseados nos princípios eternos da Palavra de Deus.

Miguel Ângelo Nery
Bispo e presidente da comunidade cristã Família da Graça

INTRODUÇÃO

Desde os primórdios da humanidade, o casamento tem sido mais do que apenas uma cerimônia ou contrato social; ele é a fundação sobre a qual as civilizações se desenvolveram ao longo da história. O que essa união sagrada representa ultrapassa a promessa entre duas pessoas, abrangendo também a ligação entre a família, a comunidade e, em grande parte das tradições, o divino.

De acordo com diversas culturas, o matrimônio é um rito de passagem, uma transição de duas vidas individuais para uma vida compartilhada, que traz consigo responsabilidades, alegrias e desafios. À luz da Bíblia Sagrada, entendemos que o casamento é, em primeiro lugar, uma aliança com Deus, e depois com o cônjuge. Isso quer dizer que, para captarmos sua profundidade e amplitude, precisamos primeiramente entender sua natureza divina. Somente assim poderemos começar a desvelar o verdadeiro potencial e significado de tal elo, bem como as bênçãos e aprendizados que ele carrega consigo.

A sagrada aliança do casamento não é uma invenção humana, um fenômeno antropológico ou uma mera construção social. Ao contrário das percepções modernas, trata-se de uma

Famílias indestrutíveis

instituição concebida e abençoada por Deus, uma manifestação da vontade e do plano divinos, que obtém seu vigor e propósito de uma fonte eterna e imutável. Essa visão é solidamente ancorada na narrativa bíblica de Gênesis, na qual, ao afirmar que não era bom Adão estar só, Deus decidiu lhe proporcionar uma companheira, uma ajudadora idônea (cf. Gênesis 2.18) — não apenas para preencher um vazio, mas para estabelecer uma união que seria o reflexo terreno da comunhão celeste, um espelho da relação profunda e misteriosa entre Cristo e sua noiva, a Igreja.

Esse pensamento é reforçado pelas palavras de Fulton J. Sheen,[1] que enfatizou a santidade do casamento e o papel basilar de Deus em unir um casal em amor e graça. Segundo ele, a unidade matrimonial não representa simplesmente uma conexão entre duas almas terrenas, e sim um cordão de três dobras que envolve o homem, a mulher e Deus. Essa perspectiva eleva a compreensão do matrimônio muito além das dimensões físicas ou emocionais, posicionando-o no âmbito sobrenatural. É como se, ao se unirem, o casal invocasse a essência divina, fazendo com que seu vínculo se tornasse uma dança mística entre o terreno e o celeste. Através dessa lente espiritual, percebemos que o casamento deve ser uma celebração do amor divino manifestado na Terra.

No entanto, isso carece de ser solidificado em nossos dias. Vivemos em uma era na qual o pensamento pós-moderno, as ideologias niilistas e o relativismo questionam as fundações tradicionais que sustentaram sociedades por séculos. Tal relativismo, ao sugerir que não existem verdades

---

1 Fulton J. Sheen (1895-1979) foi um renomado teólogo, pregador e personalidade televisiva dos Estados Unidos. Ele é talvez mais conhecido por seus programas de rádio e televisão, especialmente "Life is Worth Living" [Viver Vale a Pena], que alcançou milhões de espectadores nas décadas de 1950 e 1960. Além de sua presença nos meios de comunicação, Sheen foi autor de vários livros sobre teologia e espiritualidade. Suas perspicazes observações sobre fé, cultura e a condição humana fizeram dele uma influente voz cristã no século XX.

Introdução

universais, apenas perspectivas individuais, coloca em risco a coesão social e engatilha um inexorável colapso civilizacional. Afinal, uma civilização é o reflexo de suas famílias. Se o núcleo familiar estiver arruinado, a sociedade também estará. Subordinar o matrimônio, intrinsecamente ligado ao divino, às interpretações pessoais, compromete o seu propósito e caráter puríssimo.

O desafio está justamente em não adaptar o enlace conjugal às vozes transitórias da época, enquanto nos lembramos de sua sacralidade e alinhamos a nossa perspectiva ao padrão celestial, que é constante, imutável, e serve como bússola para nossa compreensão e prática. Se já admitimos que Deus é o próprio autor do matrimônio, podemos compreender ainda que todo aquele que deseja edificar uma família corretamente terá de recorrer aos ensinamentos atemporais de sua Palavra.

Lembro-me de que, em 2015, quando abdiquei do cargo de oficial do Exército Brasileiro para me dedicar ao sacerdócio eclesiástico, fui impactado com a atual crise nos lares. Deparei-me de imediato com um número assustador de casos de adultério, de viciados em pornografia, divórcios, além de uma tremenda e generalizada ausência de formação, mesmo entre cristãos. Aquilo foi surpreendente para mim, pois tanto eu quanto minha esposa havíamos sido criados em famílias fortes e estruturadas.

Apesar das limitações inerentes a quaisquer seres humanos, nossos pais foram bem-sucedidos em nos proporcionar a experiência de crescer em um lar devidamente ordenado. Isto foi tão genuíno ao ponto de reproduzirmos com certa facilidade o que aprendemos e testemunhamos. Na época em que conheci a Jéssica, minha esposa, eu tinha 14 anos de idade e ela, 13. Namoramos em castidade e temor à sã doutrina, casamos virgens e, apesar de um ou outro transtorno adaptativo por imaturidade ou ignorância, foi natural construirmos uma relação sólida e fecunda, como se apresenta até hoje.

Famílias indestrutíveis

Felizmente, não temos histórias de graves desajustes ou brigas escandalosas para contar, o que tornou ainda mais impactante meu contato inicial com os casos de casamentos quebrados que passei a receber em meu gabinete quase que diariamente. Percebi que podia ajudá-los a enxergar que é possível construir um lar estruturado. Mediante a graça de Deus, guiar esses casais da crise à restauração e vê-los encontrar sentido e felicidade na vocação matrimonial foi, aos poucos, tornando-se minha missão de vida, bem como uma grande alegria e recompensa. Hoje, vivo para compartilhar que, mesmo em um mundo caótico e desacreditado, é possível edificar uma família indestrutível.

Este livro é um convite para uma trajetória de aprendizado e aplicação daquilo que você, provavelmente, não foi ensinado em lugar nenhum, e que passa pelo entendimento de que você e seu cônjuge devem ser protagonistas na construção de um lar verdadeiramente feliz. Não leia as páginas seguintes de forma desatenta, leviana, como um paciente que folheia revistas de fofocas ou histórias em quadrinhos enquanto espera ser atendido em um consultório médico. Nenhum casamento forte é construído da noite para o dia, assim como nenhum divórcio acontece dessa maneira também. Sempre há um histórico de atitudes egoístas e tolas praticadas por ambos os cônjuges, por omissão, desconhecimento ou rebeldia contra o Criador.

Sei que essa verdade pode ser difícil de engolir, mas, se o seu casamento está à beira da ruína, certamente houve uma contribuição sua para que tenha chegado a essa conjuntura. É evidente que existem pecados com níveis distintos de gravidade, e talvez um dos cônjuges tenha cometido algo de magnitude superior; em contrapartida, convoco-o a estudar os preceitos que se seguirão sem apontá-los para os erros do outro. Mire-os em si mesmo, pois ao entender a parte que lhe cabe nesse processo, o seu testemunho será uma ferramenta poderosa para que o seu cônjuge mude posteriormente. A redenção

Introdução

de um casal sempre começa com a iniciativa de um que, tendo seus olhos abertos para a urgência de lutar pela família, escolhe crer que o mesmo Deus que os uniu irá ajudá-los a superar qualquer crise.

Nas páginas a seguir, desvendaremos os mistérios e nuances do casamento por meio de múltiplas perspectivas: desde os registros tradicionais e históricos até os ricos domínios da filosofia e teologia. Mergulharemos nos pensamentos de grandes filósofos, como Platão e Aristóteles, e analisaremos doutrinas que se solidificaram com o tempo, tendo como base a experiência e a observação. No entanto, enquanto navegamos por essas águas intelectuais e espirituais, devemos sempre manter em mente que tais reflexões e interpretações, por mais valiosas que sejam, são subservientes à Palavra de Deus. Ela é nossa âncora e guia, a fonte inabalável de verdade que ilumina cada aspecto desta discussão, e garante que permaneçamos alinhados ao propósito divino e à essência sagrada do matrimônio.

Deus, em sua infinita sabedoria, desenhou o casamento para ser um manancial de bênçãos, amor e comunhão. O elo conjugal é bom e sempre será. Lutar pela família é um dever moral para o cristão, ainda que toda uma geração caminhe no sentido contrário. Como diria G. K. Chesterton, "Uma coisa morta pode seguir a corrente, mas só uma coisa viva é capaz de ir contra ela".[2]

Portanto, convido você, caro leitor, a se juntar a mim nesta jornada esclarecedora de redescoberta e compreensão do casamento conforme foi imaginado e ordenado pelo Pai em sua intenção primária. Garanto que, após esta leitura, você será capaz de, com a ajuda de Deus, edificar uma família verdadeiramente indestrutível.

---

2   CHESTERTON, G.K. **O homem eterno**. Campinas: Ecclesiae, 2019, p. 332.

Capítulo 1

A ONTOLOGIA DO AMOR

Quando exploramos a sagrada tradição do matrimônio, deparamo-nos com o desafio de compreender o amor em sua mais pura essência. O termo "ontologia" provém da combinação do vocábulo grego "*ontos*", que significa "ser", e "*logia*", que alude à "palavra" ou "estudo", e nos remete à reflexão proposta por Aristóteles a respeito da verdadeira natureza de algo. Nesse caso, do amor. Longe de ser uma mera curiosidade, tal reflexão representa mais de dois mil anos de intensas deliberações e ponderações, nas quais filósofos, teólogos e pensadores buscaram decifrar e entender a complexidade e o conceito fundamental do amor na experiência humana.

A Bíblia, por sua vez, nos presenteia com uma revelação essencial em 1João 4.8: "[...] Deus é amor". Essa afirmação faz mais do que atribuir uma característica ao Senhor; ela desvela seu caráter intrínseco. A Palavra não está se referindo a um amor efêmero e instável que por vezes desfrutamos na condição de seres humanos, mas a algo eterno, puro, inalterável, que se mantém firme e constante diante das flutuações do tempo e adversidades. Isso quer dizer que, quando compreendemos que Deus é a personificação do amor, somos inspirados a viver de

Famílias indestrutíveis

modo que a maneira como amamos se aproxime, mesmo que modestamente, dessa grandiosa referência. Esse entendimento pode e deve moldar nosso cotidiano, refletindo-se em nossas palavras, sentimentos e na autenticidade de nossas decisões e ações.

Em Efésios 5.25, ao exortar: "Maridos, amem cada um à sua mulher, assim como Cristo amou a igreja e entregou-se por ela", Paulo revela a dimensão sacrificial do amor e o evidencia como uma força poderosa que orienta, une e transforma. Tanto a sabedoria antiga dos gregos quanto a fé cristã afirmam tal poder unificador do amor, cuja importância ressalta-se no matrimônio, aliança em que duas almas convergem para um propósito comum e tornam-se uma só carne.

Não por acaso, apesar das adversidades da vida, o amor permanece sendo o elo perfeito (cf. Colossenses 3.14). Mais do que um conceito teórico, ele se manifesta de forma tão palpável quanto qualquer material ou substância tangível. Ortega y Gasset[1] expressou esse pensamento ao descrever o amor como uma "gravitação até o amado",[2] ou seja, uma força que nos impulsiona para fora de nosso próprio ser. Essa força direciona nosso foco ao ente amado e leva-nos a priorizar seu bem-estar e seus anseios acima dos nossos. Já Dante Alighieri,[3] em sua

---

1   José Ortega y Gasset (1883-1955) foi um filósofo e ensaísta espanhol, conhecido principalmente por suas reflexões sobre a sociedade moderna e a cultura europeia. Autor da influente obra *A Rebelião das Massas*, Ortega y Gasset defendeu a importância do indivíduo e da cultura elevada frente às massas uniformizadas da modernidade. Embora sua principal contribuição tenha sido nas áreas de filosofia social e política, ele também abordou temas como o amor, explorando sua complexidade e natureza paradoxal.

2   ORTEGA y GASSET, José. **Estudos sobre o amor**. Campinas: Vide Editorial, 2019, p. 68.

3   Dante Alighieri (1265-1321) foi um poeta, escritor e filósofo italiano, frequentemente referido como o "pai da língua italiana". Ele é mais conhecido por sua obra épica, a "Divina Comédia", uma das maiores realizações literárias da Idade Média e um pilar da literatura mundial. Dante explorou temas profundos, como moralidade, redenção, o depois da morte e o amor divino. Seu impacto na literatura, teologia e artes é imensurável, e sua influência perdura até os dias atuais.

A ontologia do amor

obra-prima, a *Divina Comédia*, escreveu que "o amor move o sol e as outras estrelas",[4] insinuando que, do mesmo jeito que a gravidade conduz o balé das estrelas, o amor mantém corações fielmente conectados. Em Gênesis, lemos:

> Disse então o homem: "Esta, sim, é osso dos meus ossos e carne da minha carne! Ela será chamada mulher, porque do homem foi tirada". Por essa razão, o homem deixará pai e mãe e se unirá à sua mulher, e eles se tornarão uma só carne (Gênesis 2.23-24).

A união entre um homem e uma mulher não se limita a crenças espirituais ou conceitos filosóficos; ela se materializa nas ações e escolhas diárias do casal por toda uma vida. Os dois se entrelaçam de maneira profunda e fortalecem uma união que atesta a capacidade de duas individualidades conviverem harmoniosamente. Um casamento extraordinário é resultado da perseverança na repetição de atos ordinários, que são feitos em conjunto, ao longo de anos.

Na aliança matrimonial, a despeito das imperfeições, duas pessoas são capazes de valorizar o melhor que há no outro e embarcam em uma jornada transformadora, isto é, contribuem com a santificação do cônjuge. Trata-se de um compromisso constante de honra, pelo qual o vínculo conjugal é solidificado e cada indivíduo lapidado pelo Senhor. O homem moderno se esqueceu do que é o amor e, por isso, não é de se espantar que famílias se encontrem esfaceladas como podemos observar nos últimos tempos. É absolutamente impossível construir um casamento forte sem a correta compreensão do significado de amar.

---

4 ALIGHIERI, Dante. **Divina Comédia**. Rio de Janeiro: Imprensa Nacional, 1888. Disponível em: <https://www.google.com.br/books/edition/A_Divina_comedia/tVMyrb5HNNEC>. Acesso em: 30 out. 2023.

Famílias indestrutíveis

Lembro-me de um casal que atendi certa vez em meu gabinete, bem no início do meu ministério. Aquela conversa, e particularmente as palavras da esposa, marcaram-me para sempre. Seu marido havia cometido pecados terríveis, tendo adulterado com prostitutas e se afundado em pornografia. Ao menos ele demonstrava um grande remorso e, felizmente, os dois estavam engajados na restauração do matrimônio.

Depois de ouvir tudo e notar ambos com lágrimas nos olhos, não pude deixar de sentir uma imensa compaixão por aquela mulher que havia suportado tamanho sofrimento até então. Perguntei-lhe se, após saber de todos aqueles erros, ela lutaria pelo casamento e estaria disposta a perdoar e acolher um pecador miserável. A esposa olhou para mim resoluta e afirmou: "Sim! Quero ajudar Jesus a levar meu marido até o Céu". Hoje, sei que ela entendeu o significado do amor que sustenta o matrimônio.

> **O AMOR ESCLARECE NOSSA COMPREENSÃO SOBRE AS VULNERABILIDADES HUMANAS E TRAZ À LUZ OS ANSEIOS DA NOSSA ALMA.**

O amor esclarece nossa compreensão sobre as vulnerabilidades humanas e traz à luz os anseios da nossa alma. Ao contemplarmos a majestade do Criador, somos confrontados com a inabalável autossuficiência divina: Deus, em sua suprema onipotência, é pleno em si mesmo, e sua perfeição não se restringe à inexistência de erros; ela vai além. Em contraste, nós carregamos uma insuficiência, que, em vez de ser uma falha, serve como instrumento celestial para intensificar a chama do amor. Porém, se não estivermos atentos, a ilusão da autossuficiência pode nos seduzir, bem como conduzir-nos à margem do egoísmo. Quando reconhecemos e aceitamos nossa dependência intrínseca, abrimos espaço para o amor em sua expressão mais pura e sincera.

A *ontologia do amor*

Platão,[5] em seu célebre diálogo "O banquete", corrobora tal entendimento, propondo que o amor nasce de um vazio que impulsiona o ser humano a buscar completude no outro.[6] Discordo veementemente da ideia de que temos uma "alma gêmea", uma pessoa específica que está predestinada a casar-se conosco, sendo atraída por uma espécie de magnetismo esotérico, mas expressões do senso comum, como "metade da laranja" ou "tampa da panela", apesar de parecerem simplórias, carregam certa verdade. Afinal, na escolha de um cônjuge, procuramos aquilo que nos é ausente.

> TODO SER HUMANO CARECE DE CONEXÃO, E ESSE ASPECTO PODE SER JUSTAMENTE UM REFLEXO DE NOSSA ÂNSIA PELO DIVINO; TALVEZ ESTEJAMOS, NA VERDADE, ALMEJANDO A PERFEIÇÃO E PLENITUDE QUE SÓ DEUS PODE OFERECER.

O livro de Gênesis retrata essa premissa ao narrar a criação de Eva a partir de uma costela de Adão. Ela possuía características que ele não dispunha. E, juntos, compunham uma relação de complementaridade. Todo ser humano carece de conexão, e esse aspecto pode ser justamente um reflexo de nossa ânsia pelo divino; talvez estejamos, na verdade, almejando a perfeição e plenitude que só Deus pode oferecer.

A cultura pós-moderna, que enfatiza com veemência o valor da autonomia e independência a um indivíduo,

---

5   Filósofo grego e discípulo de Sócrates, Platão (427-347 a.C.) é reconhecido por sua vasta influência no pensamento ocidental. Fundou a Academia em Atenas, onde seu aluno mais famoso, Aristóteles, estudou. Suas obras abordam temas diversos, desde a natureza da justiça em *A República* até o amor em *O Banquete*. Em sua teoria das formas, Platão defende que as realidades imutáveis e eternas (formas ou ideias) são mais reais do que o mundo sensível ao nosso redor. Essa teoria teve profundo impacto nas discussões subsequentes sobre a natureza da realidade e do conhecimento.

6   PLATÃO. **Diálogos:** O Banquete, Fédon, Sofista, Político. São Paulo: Abril Cultural, 1972. Disponível em: <https://www.epedagogia.com.br/bibliotecaonline.php?idioma=1&txChave=632Dialogos>. Acesso em: 18 dez. 2023.

Famílias indestrutíveis

frequentemente nos impulsiona a acreditar que ser autossuficiente é o ápice da realização pessoal. Essa noção é um equívoco perigoso, e se transferimos tal mentalidade para o matrimônio, corremos o risco de subverter a verdadeira essência do compromisso conjugal, reduzindo-o a uma troca pragmática, na qual os parceiros juntam-se apenas pelas vantagens que o outro pode lhe oferecer. Uma concepção dessa natureza não somente desvirtua o propósito particular do casamento, como também pode conduzir-nos a um vazio emocional e a conexões superficiais.

Em contrapartida, se abrirmos mão das ideias contemporâneas e buscarmos uma compreensão mais significativa sobre relacionamentos, perceberemos que admitir nossa imperfeição leva-nos a reconhecer nossa verdadeira humanidade. Por meio da minha jornada com a Jéssica, minha esposa, comecei a entender que o matrimônio é um processo delicado de aprendizado e crescimento. Mediante cada desafio enfrentado, cada risada compartilhada e lágrima derramada, fomos capazes de desvendar uma beleza que, talvez, permanecesse oculta em circunstâncias mais amenas. No fogo brando, o aço enverga; no fogo ardente, porém, o ferreiro forja o aço com maestria e produz uma ferramenta de qualidade. O calor das tribulações revela a pureza do amor matrimonial, além de tornar a união dos cônjuges mais excelente.

Diversas pessoas perguntam-me como saber se casaram com a "pessoa certa", principalmente quando abaladas por uma crise conjugal. Se algum dia estiver em dúvida a esse respeito, basta olhar o nome que consta em sua certidão de casamento. Essa é a pessoa certa. Quando penso na Jéssica, simplesmente não consigo mais imaginar minha vida distante dela. Hoje, temos mais tempo de vida juntos do que separados. Em todos esses anos, nunca me questionei se ela era a "pessoa certa"; a Jéssica era — e continua sendo — aquela a quem eu amava; saber disso foi suficiente para proferir meus votos no dia de

A ontologia do amor

nossas bodas. E pretendo seguir cumprindo-os, no dia bom e no mau, até meu corpo voltar ao pó.

Além do mais, olhando em retrospecto, impressiono-me ao perceber como o amor que cultivamos juntos não se limita a iluminar somente nossa relação. Ele se manifesta de maneiras que excedem nosso núcleo familiar, influenciando e beneficiando também aqueles que nos cercam. O verdadeiro amor não aceita ser confinado; ele aspira expandir-se, tocar e transformar tudo o que encontra em seu caminho.

O respeitável autor Fulton Sheen, em seu livro *Três para casar*, discorre sobre aspectos tradicionais do casamento e introduz uma dimensão espiritual à equação ao afirmar que o matrimônio não deve envolver somente dois corações, mas três.[7] Deus, que nos apresenta — bem como personifica — o amor verdadeiro e incondicional, e possui a completude pela qual nossa alma anseia, é membro essencial do casamento forte. A visão de Sheen baseia-se nas palavras que se encontram no décimo segundo versículo de Eclesiastes 4, passagem que ressalta a força da união e da importância do cordão de três dobras.

> O VERDADEIRO AMOR NÃO ACEITA SER CONFINADO; ELE ASPIRA EXPANDIR-SE, TOCAR E TRANSFORMAR TUDO O QUE ENCONTRA EM SEU CAMINHO.

Por mais que a sociedade contemporânea possa confundir o amor com sentimentos tão voláteis quanto paixão, fascínio ou desejo, a sua verdadeira natureza é constante, comparável à solidez de uma rocha. É por esse motivo que ao ouvir frases, como "o amor acabou" ou "o amor se foi", logo reflito sobre a compreensão coletiva acerca do conceito desse dom divino. Tenho observado que não poucos carregam uma visão restrita,

---

7 SHEEN, Fulton J. **Three to Get Married**. New York: Scepter Publishers Inc., 1996. Disponível em: <https://books.google.com.br/books?id=u-iUDgAAQBAJ>. Acesso em: 31 out. 2023.

Famílias indestrutíveis

que não captura a essência profunda do *ágape*, claramente expressa em 1Coríntios 13.7-8: "Tudo sofre, tudo crê, tudo espera, tudo suporta. O amor nunca perece; mas as profecias desaparecerão, as línguas cessarão, o conhecimento passará".

Os versos anteriores evidenciam a resiliência do amor, imperturbável diante de obstáculos e do decorrer do tempo. Quem ama quer ficar perto de seu amado; quem ama permanece, não abandona. Nunca acredite naqueles que naturalizam ou até romantizam o divórcio como se houvesse algo belo na ruptura da aliança conjugal. Como nos ensina o sublime soneto 116 de Shakespeare:[8]

> De almas sinceras a união sincera
> Nada há que impeça: amor não é amor
> Se quando encontra obstáculos se altera,
> Ou se vacila ao mínimo temor.
> Amor é um marco eterno, dominante,
> Que encara a tempestade com bravura;
> É astro que norteia a vela errante,
> Cujo valor se ignora, lá na altura.
> Amor não teme o tempo, muito embora
> Seu alfange não poupe a mocidade;
> Amor não se transforma de hora em hora,
> Antes se afirma para a eternidade.
> Se isso é falso, e que é falso alguém provou,
> Eu não sou poeta, e ninguém nunca amou (Tradução livre).[9]

---

8   William Shakespeare foi um poeta e dramaturgo inglês do teatro elisabetano. Sua obra, composta por peças teatrais, sonetos e poemas, explora as profundezas da natureza humana, tecendo narrativas que permeiam entre os domínios do amor, ódio, traição e os dilemas éticos e morais. As peças de Shakespeare, divididas frequentemente em tragédias, comédias e dramas históricos, transcendem o tempo e a cultura, sendo relevantes e universalmente acessíveis, inspirando gerações com suas intrincadas tramas e personagens inesquecíveis, tal como Hamlet, Macbeth, Romeo e Julieta.

9   SHAKESPEARE, William. **The Complete Works of William Shakespeare**. Middlesex: Astronaut House Feltham, 1976. p. 1057.

A ontologia do amor

Amar envolve uma decisão diária, um compromisso contínuo de dedicação ao outro, de presença e de comunhão, independentemente das adversidades. Como ressalta o livro Cântico dos Cânticos, "Nem muitas águas conseguem apagar o amor; os rios não conseguem levá-lo na correnteza [...]" (8.7). Tal força vigorosa permanece como o vínculo que nos orienta em nossa trajetória de vida, conectando-nos ao sagrado e ao perene. Para verdadeiramente compreendermos sua amplitude, riqueza e nuances, devemos explorar suas diversas facetas, cada uma com características únicas e definições inerentes, bem como refletir as complexidades da experiência humana em relação ao vínculo mais complexo que conhecemos.

São Tomás de Aquino[10] dizia que "o amor é desejo de eternidade da pessoa amada".[11] Isto significa que não se trata de uma decisão, tampouco de sentimento. Quando amamos alguém, o bem daquela pessoa torna-se mais importante do que a nossa própria vida. Tornamo-nos dispostos a nos sacrificar pela imortalidade do outro. Foi justamente isso que Cristo fez por nós ao esvaziar-se a si mesmo e entregar-se à morte de cruz (cf. Filipenses 2.7-8), a fim de que pudéssemos viver eternamente. A este respeito, a Palavra também afirma: "Nisto consiste o amor: não em que nós tenhamos amado a Deus, mas em que ele nos amou e enviou o seu Filho como propiciação pelos nossos pecados" (1João 4.10).

Na tradição cristã e na riqueza linguística do grego antigo, o amor se desdobra em quatro descrições distintas:

---

10 Filósofo e teólogo medieval, considerado um dos maiores pensadores da história da Igreja Católica. Tomás de Aquino foi fundamental na síntese das ideias aristotélicas com os princípios do Cristianismo. Sua obra mais conhecida, a *Suma Teológica*, é uma extensa análise da natureza de Deus e da moralidade humana dentro de um quadro teológico. Seus escritos têm influenciado profundamente tanto a teologia como a filosofia, e ele é frequentemente citado como o modelo principal do pensamento escolástico.

11 "'Amar é querer bem a outrem', diz o Filósofo". Ora, queremos um bem igual para todos os próximos, isto é, a vida eterna. **Summa Theologica**, V, q. XXVI, a. VI. O filósofo a quem ele se refere é Aristóteles.

Famílias indestrutíveis

Storgé, philia, éros e *ágape*. C.S. Lewis,[12] com sua notória profundidade analítica, abordou essas nuances em seu livro *Os quatro amores*,[13] mergulhando no grego *koiné*[14] e salientando que apenas uma dessas descrições tem origem divina ou sobrenatural.

Seu estudo detalhado nos desafia a refletir sobre a razão de dedicarmos tempo e esforço para compreender tais amores. Na dinâmica da vida a dois, é comum que os cônjuges transitem entre esses modos de amar, cada qual manifestando-se em tempos e intensidades diferentes. A capacidade de discernir e compreender essas variações não só enriquece a relação, como também evita equívocos e possibilita uma vivência amorosa autêntica e profunda entre os parceiros.

Santo Agostinho[15] observou que a transgressão humana, consequente da Queda, desequilibrou a expressão pura do amor, ainda que *storgé, philia* e *éros* permaneçam acessíveis

---

12 Clive Staples Lewis, frequentemente conhecido como C. S. Lewis, foi um renomado escritor, apologista cristão e acadêmico britânico. Ele é mais conhecido por sua série de livros de fantasia *As Crônicas de Nárnia*, que se tornou um clássico da literatura infantil. Além de sua obra de ficção, Lewis escreveu extensivamente sobre teologia cristã e filosofia. Seu estilo eloquente e lúcido, juntamente com sua habilidade de abordar questões profundas da fé de maneira acessível, fez dele uma das vozes mais influentes do pensamento cristão no século XX.

13 Lewis, C. S. **Os quatro amores**. Rio de Janeiro: Thomas Nelson, 2017.

14 Um estágio histórico da língua grega que surgiu após a conquista de grande parte do mundo conhecido por Alexandre, o Grande, no século IV a.C. A palavra "koiné" significa "comum", refletindo o fato de que essa forma da língua serviu como um dialeto comum ou língua franca para muitas pessoas de diferentes origens linguísticas no mundo helenístico. Durou até aproximadamente o século IV d.C. Uma das suas aplicações mais notáveis é o Novo Testamento da Bíblia, que foi escrito em grego koiné que, em comparação com o grego clássico, tem uma gramática e um vocabulário ligeiramente simplificados, tornando-o mais acessível para os falantes não nativos da época.

15 Teólogo e filósofo cristão, uma das figuras mais influentes no desenvolvimento do cristianismo ocidental. Em seus escritos, ele explorou complexas questões teológicas, filosóficas e antropológicas, incluindo a natureza do mal, o livre-arbítrio e a graça divina. Sua influência se estendeu por muitos séculos e é sentida em diversas áreas da teologia, filosofia e psicologia cristãs.

A ontologia do amor

a nós.[16] No entanto, a forma como manifestamos esses amores em nosso estado caído, muitas vezes é distorcido e assemelha-se a um jardim que, na ausência de cuidados adequados, permite que suas plantas cresçam sem cuidado e de forma desordenada. É somente com a presença divina, ao revelar o amor *ágape* e atuar como um jardineiro perspicaz, que a harmonia e o esplendor iniciais do jardim podem ser restaurados.

O amor *storgé* pode ser traduzido como "afeição". Não se trata de meras inclinações ou simpatias efêmeras, mas de uma conexão nascida da familiaridade, da partilha de momentos e memórias. É, sem dúvida, a expressão amorosa mais universal, tão enraizada na Criação que pode ser observada até mesmo no reino animal. A imagem da mãe pata conduzindo seus patinhos ou da cachorra cuidando de seus filhotes exemplifica bem tal amor. Ele não conhece barreiras de idade, sexo ou espécie, e pode ser tão presente em nossa afeição por animais domésticos quanto no respeito e carinho que sentimos por alguém.

> **É SOMENTE COM A PRESENÇA DIVINA, AO REVELAR O AMOR ÁGAPE E ATUAR COMO UM JARDINEIRO PERSPICAZ, QUE A HARMONIA E O ESPLENDOR INICIAIS DO JARDIM PODEM SER RESTAURADOS.**

Essa forma de amor tem a capacidade surpreendente de prosperar nas circunstâncias mais desafiadoras, tocando até aqueles que, à primeira vista, podem parecer intransigentes. No contexto do matrimônio, *storgé* age como a terra fértil que alimenta a semente inicial da relação. Evidentemente, um casamento próspero não subsiste só de familiaridades e afeição; é um equívoco

---

16 AGOSTINHO, Santo. **Patrística**: dos bens do matrimônio, a santa virgindade, dos bens da viuvez: cartas a Proba e a Juliana. [S.l.]: Paulus, 2001. Disponível em: <https://www.google.com.br/books/edition/Patr%C3%ADstica_Dos_Bens_do_Matrim%C3%B4nio_A_Sa/pvO5DAAAQBAJ>. Acesso em: 23 out. 2023.

Famílias indestrutíveis

considerá-las como pilar da união conjugal, pois representa apenas o início de uma caminhada que deverá revelar maior amplitude e riqueza com o tempo.

Para realmente florescer, a relação marital deve desbravar níveis mais íntimos e sublimes de conexão amorosa. Conforme Paulo enfatiza em 1Coríntios 13.1-3, a ausência do amor verdadeiro — ágape *(αγάπη)* — deixa um vazio, por isso é fundamental que o casal busque a completude que somente essa espécie de amor pode proporcionar:

> Ainda que eu fale as línguas dos homens e dos anjos, se não tiver amor [*αγάπη*], serei como o sino que ressoa ou como o prato que retine. Ainda que eu tenha o dom de profecia e saiba todos os mistérios e todo o conhecimento, e tenha uma fé capaz de mover montanhas, se não tiver amor [*αγάπη*], nada serei. Ainda que eu dê aos pobres tudo o que possuo e entregue o meu corpo para ser queimado, se não tiver amor [*αγάπη*], nada disso me valerá (acréscimos nossos).

Em meio à era contemporânea, a qual conta com a forte e cotidiana presença das redes sociais, o conceito de "amigo" parece ter sofrido uma banalização, o que me conduz a refletir sobre o cerne da amizade. O termo grego *"philia"* evoca a preciosidade de conexões, nas quais valores, ideias e aspirações são compartilhados. Frente a essa realidade, é inevitável questionar quantos amigos verdadeiros temos, com quem compartilhamos segredos, risos e lágrimas.

Pensadores renomados, como Aristóteles e Cícero, há séculos já celebravam a amizade como uma das expressões mais puras do amor. Tal apreciação pode ser apropriadamente exemplificada pelo termo "filósofo", cujo significado é "amigo da sabedoria" e mostra que a busca por conhecimento sempre esteve imbuída de paixão e afeição. Contudo, em nosso tempo, amizades verdadeiras são frequentemente ofuscadas por relações efêmeras e superficiais.

A ontologia do amor

São Tomás aprofunda nosso entendimento sobre amizade com sua expressão *"idem velle, idem nolle"*[17] — querer o mesmo, rejeitar o mesmo —, conceito que enfatiza a verdadeira amizade como um laço no qual há uma sintonia entre aquilo que é valorizado bem como o que é repudiado pelos envolvidos. Essa conexão é ilustrada na relação dos ícones literários C.S. Lewis e J.R.R. Tolkien. Ambos compartilhavam não apenas uma paixão pela literatura, mas também convicções e princípios; a amizade deles se tornou um testemunho do real significado de *philia*, que resiste ao teste do tempo e às diferenças individuais.

Em paralelo à compreensão da amizade humana, nosso relacionamento com o divino é intensificado pelo amor fraternal. Quando alinhamos nossos valores e paixões com os do Senhor, aprofundamos nossa intimidade com ele. Devemos, porém, lembrar que o contrário, ou seja, a busca pelos prazeres mundanos, pode nos afastar dessa relação preciosa (cf. Tiago 4.4).

> O CASAMENTO NÃO É APENAS UM PACTO DE RESPONSABILI-DADES, MAS UMA CELEBRAÇÃO DA AMIZADE, DO ENTRELAÇAMENTO AUTÊNTICO E PROFUNDO ENTRE DUAS VIDAS.

Agora, sabendo disto, quem sabe você possa questionar se há alguma influência ou importância do amor *philia* no âmbito matrimonial. Posso afirmar com confiança que o casamento não é apenas um pacto de responsabilidades, mas uma celebração da amizade, do entrelaçamento autêntico e profundo entre duas vidas. Aliás, seu cônjuge é — ou deveria ser — sua amizade mais profunda entre

---

17 "Et hoc ideo est quia amicitia facit idem velle et nolle." Aquino, Tomás de. **Suma Teológica**, IX. São Paulo: Loyola, 2013. p. 560. Disponível em: <https://archive.org/details/suma-teologica-tomas-de-aquino-suma-teologica-volume-1-9-edicoes-loyola-2009-2012/%28Suma%20Teol%C3%B3gica%29%20Tom%C3%A1s%20de%20Aquino%20-%20Suma%20Teol%C3%B3gica%20-%20Volume%209.%209-Edi%C3%A7%C3%B5es%20Loyola%202013%29/page/n3/mode/2up>. Acesso em: 23 out. 2023.

Famílias indestrutíveis

todos os relacionamentos terrenos. Enquanto muitos se perdem na embriaguez do romance, é fundamental não negligenciar a conexão amical, ela serve como uma base importante para o amor conjugal, uma vez que ilumina caminhos obscuros e mantém a relação fortalecida. Durante as tempestades, é por intermédio desse amor que marido e esposa revelarão cumplicidade, uma parceria que os habilita a superar intempéries.

Existe ainda uma outra face do amor que, embora por vezes mal compreendida, desempenha um papel crucial na união matrimonial: o *éros*. A palavra "erotismo" é, habitualmente, associada a conotações vulgares. No entanto, seu verdadeiro sentido, inspirado na mitologia grega, é rico e não se restringe à satisfação sexual. A narrativa conta que Pênia, a representação da carência, se uniu a Poros, deus da abundância. Dessa relação nasceu Éros, que combina características de ambos e representa o equilíbrio entre desejo e contentamento. Nosso íntimo busca conexões mais profundas do que um contato físico.

> NO MATRIMÔNIO, O ARDOR ROMÂNTICO SOBREPUJA A ATRAÇÃO OU SATISFAÇÃO FÍSICA, REPRESENTANDO UM ENCONTRO ÍNTIMO DE ALMAS, CORAÇÕES E MENTES.

No matrimônio, o ardor romântico sobrepuja a atração ou satisfação física, representando um encontro íntimo de almas, corações e mentes. Dentro deste vínculo sagrado, procura-se estabelecer uma relação baseada na reciprocidade em vez de um prazer momentâneo. Ambos se esforçam para dar e receber, servir e serem servidos, e buscam constantemente o equilíbrio e o bem-estar mútuo. Em Provérbios 5.18-19, somos instigados a enxergar o amor conjugal não só como um prazer corporal, mas como uma conexão espiritual e emocional: "Seja bendita a sua fonte! Alegre-se com a esposa da sua juventude [...] que os seios de sua esposa sempre o fartem de prazer, e sempre o embriaguem os carinhos dela". O casamento é uma

A ontologia do amor

celebração do amor em todas as suas facetas, que abrange os âmbitos físico, emocional, intelectual e espiritual.

Há quem restrinja a compreensão do amor sensual a um mero impulso instintivo e acaba, por vezes, ofuscando sua verdadeira essência. Esse entendimento limitado impede a apreciação do sentido real de amar e ser amado, uma vez que existe um desejo inerente, tanto ao homem quanto à mulher, de serem valorizados e reconhecidos. Contrapondo essa visão superficial, o *éros* genuíno engloba uma busca intensa por complementaridade, em uma dança harmoniosa que eleva a paixão e a profundidade da conexão humana, espelhando o amor de Deus que tem como objetivo completar--nos plenamente.

Enquanto *éros* se concentra no desejo apaixonado, há outro tipo de amor que a espiritualidade cristã enfatiza como sendo a mais alta e sagrada forma de expressão amorosa: o *ágape*, a manifestação definitiva do amor que fortalece laços humanos e conduz corações pelo caminho da esperança. Ele nos remete à avó, que não mede esforços para amar seus netos; ao marido, que entrega a própria vida por sua esposa; à mãe, que se sacrifica por seus filhos.

Em meio a diversos amores, *ágape* é único em natureza e propósito. Tal compreensão torna-se palpável quando meditamos sobre o sacrifício de Jesus retratado em Mateus 27. Mesmo diante do escárnio, da negação e do sofrimento, Cristo permaneceu firme em sua missão redentora; essa atitude revela nitidamente a magnitude de um amor que se estende sem ponderar sacrifícios. É a respeito deste dom que o apóstolo Paulo discorre em sua primeira carta aos coríntios:

> O amor [αγάπη] é paciente, o amor [αγάπη] é bondoso. Não inveja, não se vangloria, não se orgulha. Não maltrata, não procura seus interesses, não se ira facilmente, não guarda rancor. O amor [αγάπη] não se alegra com a injustiça, mas se

Famílias indestrutíveis

alegra com a verdade. Tudo sofre, tudo crê, tudo espera, tudo suporta. O amor [ἀγάπη] nunca perece; mas as profecias desaparecerão, as línguas cessarão, o conhecimento passará [...] permanecem agora estes três: a fé, a esperança e o amor. O maior deles, porém, é o amor [ἀγάπη] (1Coríntios 13.4-8,13, acréscimos nossos).

Nessa passagem, Paulo aprofunda nosso entendimento acerca do amor *ágape* e revela que, sem ele, nossos talentos, dons e ações são destituídos de valor. O amor divino é paciente, bondoso e se mantém distante da arrogância; não sucumbe à inveja nem corre atrás de ostentação. Em face dos desafios, permanece confiante, sempre esperançoso e persistente. Contudo, é inegável que existem riscos. Por mais que ofereçamos um amor incondicional, a reciprocidade pode não surgir e, ainda assim, seu valor permanece inalterado. Ele nos refina, tornando-nos mais parecidos com Cristo e assegura-nos recompensas eternas. Como Jesus nos ensina em Mateus 16.25, se perdermos nossa vida por ele, de fato a encontraremos.

É natural questionarmos a viabilidade de um amor tão altruísta em nossos relacionamentos. Tendemos a amar com a expectativa de obter algo em troca, e a procurar reconhecimento por toda e qualquer demonstração afetiva que ofertamos. Costumo perceber essa dificuldade na maioria dos casais, principalmente quando a relação já encontra-se desgastada. Lamentavelmente, perdi as contas de quantas vezes ouvi cônjuges proferirem afirmações como: "eu não lavo mais as roupas sujas desse ingrato" ou "parei de validá-lo, porque ele também não me elogia"; não bastasse isso, relatam acerca das execráveis "greves de sexo" e castigos de silêncio que se dão por conta do ressentimento.

O fato, porém, é que cônjuges devem cultivar o amor dia após dia, tendo-o como alicerce de suas ações. Servir ao

A ontologia do amor

parceiro tem de ser um ato voluntário, motivado pela convicção de que essa é a atitude correta a se assumir; sendo assim, não se espera recompensas ou elogios em troca. O *ágape* nos desafia a não impor demandas ou condições, e crer em seu potencial transformador. Esse é o amor que transcende a compreensão humana e nos conecta com o divino.

No mosaico das Escrituras, *ágape* não é meramente uma antiga inscrição sobre amor, mas ressurge como uma força pulsante, capaz de transformar tanto corações solitários quanto sociedades inteiras. Dentro de nós reside, pelo poder do Espírito Santo, a habilidade e o apelo para incorporar o *ágape* em nossa jornada diária, o que nos capacita a sermos catalisadores de uma renovação no mundo. Ao perseguir esse amor, descobrimos alegria e plenitude, pois nos encontramos em harmonia com a melodia celestial para a qual fomos criados.

> NO MOSAICO DAS ESCRITURAS, ÁGAPE NÃO É MERAMENTE UMA ANTIGA INSCRIÇÃO SOBRE AMOR, MAS RESSURGE COMO UMA FORÇA PULSANTE, CAPAZ DE TRANSFORMAR TANTO CORAÇÕES SOLITÁRIOS QUANTO SOCIEDADES INTEIRAS.

A Palavra nos constrange a amar nosso próximo como Cristo nos amou (cf. João 13.34). Esse mandamento não é apenas uma diretriz moral, mas um reflexo do próprio caráter de Deus. Contudo, o egoísmo obscurece nossa capacidade de amar e acaba por gerar uma barreira entre nós e o Criador. Esse autocentrismo contrapõe-se diretamente aos ensinamentos de Jesus, fazendo-nos esquecer que, na realidade, a verdadeira essência do amor está na entrega e no sacrifício.

Eis aí o belíssimo paradoxo do amor: enquanto priorizamos o bem-estar e a felicidade do próximo, encontramos nossa mais profunda satisfação e realização nesse ato de generosidade. Aqueles que optam por abraçar e cultivar esse tipo de amor, colocando os interesses dos outros acima dos seus, não apenas

Famílias indestrutíveis

se alinham com os preceitos divinos, mas também desfrutam de uma alegria que transcende o entendimento humano ao mesmo tempo em que investem num propósito que traz sentido diário às suas vidas.

É verdade que a vocação matrimonial sempre será cheia de complexidades inerentes à convivência prolongada, contudo, todo e qualquer desafio pode ser ultrapassado por aqueles que estão dispostos a renunciar seus interesses mesquinhos e honrar a vida de seu cônjuge. Afinal, quem ama nunca desiste (cf. 1Coríntios 13.7); enquanto o egoísmo arruma desculpas, o amor encontra caminhos.

Capítulo 2

OS FUNDAMENTOS MATRIMONIAIS

O casamento é como um jardim a ser cultivado conjuntamente. Nele, superar desafios, dedicar-se de modo sacrificial e fazer escolhas em prol do outro se assemelha a sementes que, uma vez plantadas, carregam o potencial de florescer em beleza e intimidade ao longo do tempo. Tamanha é a profundidade e amplitude do matrimônio que, dia após dia, somos levados a explorar as preciosas lições e perspectivas que o permeiam; trata-se de uma aliança sublime, que representa um elo entre o Senhor e o casal.

Há uma série de pilares bíblicos que sustentam a formação e fortalecimento de uma família enraizada na fé, sobre os quais discorrerei ao longo dessas páginas. Tais fundamentos instigam-nos a compreender mais profundamente os pactos firmados e a beleza superior que se revela quando duas almas decidem, diante de Deus, trilhar o precioso percurso da vida conjugal.

Os fins do casamento

Desde tempos antigos, civilizações têm reverenciado o matrimônio como um alicerce fundamental na construção da

Famílias indestrutíveis

sociedade; ele garante a perpetuação de gerações e a transmissão contínua de valores e costumes. A partir de um casamento, forma-se uma nova família, e o próprio conceito de "formação" evoca a analogia de que, assim como a edificação de uma casa requer fundações firmes, a união matrimonial prospera sobre uma base robusta. Diante disso, a passagem de Provérbios 24.3 passa a fazer ainda mais sentido: "Com sabedoria se constrói a casa [ou o matrimônio], e com discernimento se consolida" (acréscimo nosso).

Nas Escrituras Sagradas, deparamo-nos com famílias que deixaram uma marca na história humana e serviram como modelo e alicerce para a concretização do desígnio celestial sobre a Terra. Observemos, por exemplo, a família de Abraão, o qual ascendeu ao estatuto de patriarca das nações e pai da fé; a linhagem de Jacó, cujo legado desabrochou nas doze tribos de Israel; e Maria, agraciada com a inestimável missão de gestar o Filho de Deus e, junto a José, ter a honra de participar dos anos cruciais de formação do Cristo. Relatos como estes, permeados por adversidades, conquistas e ensinamentos, salientam a centralidade do corpo familiar no grandioso plano do Senhor.

Uma reflexão acurada sobre o matrimônio chama-nos a discernir nosso papel nessa aliança. Não devemos ter como objetivo uma busca individual por felicidade e satisfação, afinal, uma vez que tal mentalidade egocêntrica instala-se em nossas relações, dá-se a gênese de inúmeras desilusões e até divórcios. Em contraste, as Escrituras nos ofertam uma percepção esclarecedora sobre a unidade e generosidade que deve haver em cada lar, ao mesmo tempo em que sublinha a importância da confluência de almas e destinos.

O matrimônio ostenta uma dualidade propositiva: há uma dimensão íntima de interação entre os consortes e outra que se irradia ao universo exterior. A primeira concentra-se na evolução conjunta e consolidação do vínculo; qualquer resquício de egoísmo é suprimido, à medida que o parceiro é estimado

Os fundamentos matrimoniais

como uma joia preciosa e singular. A dimensão externa, por sua vez, revela-se por intermédio da forma como o casal se entrelaça com o tecido social que o envolve. Desse modo, a aliança torna-se uma declaração pública de dedicação, afeto, compromisso e cooperação. Ou seja, os pares são agraciados com a chance de se constituírem como exemplos para outrem e, dessa maneira, beneficiam gerações futuras e contribuem para a construção de comunidades mais coesas.

Em meio a tais dimensões de conexão pessoal e modelo social, o casamento acolhe a responsabilidade de procriar. E basta iniciarmos uma reflexão acerca da geração de descendentes para inevitavelmente sermos conduzidos à estrutura espiritual e emocional da maternidade. Na epístola de Paulo a Timóteo, o significado de tal termo é desvendado da seguinte maneira: "[...] a mulher será salva dando à luz filhos [...]" (1Timóteo 2.15). É impressionante como, enquanto espera por um filho, a mulher repensa sua existência, reorganiza suas prioridades, renova seus desejos e reflete acerca dos cuidados que o pequeno demandará, além das alegrias e demais sentimentos que se revelarão com sua chegada.

Recordo-me de quando minha esposa deu à luz nosso primeiro filho. Ao longo do puerpério, eu pude constatar como todos os sofrimentos e renúncias — desafios emocionais e modificações fisiológicas — inerentes àquele período não representavam grande coisa para ela. Diante da sagrada missão de bem criar aquele pequenino ser humano, tais sacrifícios pareciam diminutos. Posto isso, arrisco dizer que o amor materno é o que mais se parece com o que chamamos de divino, sobretudo por ser dotado de uma entrega sacrificial, esquecida de seus próprios interesses.

Tanto a maternidade quanto a paternidade evocam entrega e abdicação profundas; os filhos são bênçãos do Céu que lapidam nossa humanidade e figuram como vínculos com o porvir. A posteridade de um indivíduo tende a refletir os valores e características de seus antecessores, bem como a projetar a memória deles para além de sua existência. De fato, o casamento solidifica alicerces para as futuras gerações, afinal, quando os cônjuges dignificam a aliança que fizeram entre si, consequentemente provém a instrução e o modelo que seus filhos necessitam para também serem frutíferos e honrosos.

Portanto, quando reconhecemos e valorizamos a união conjugal como uma instituição sagrada, reafirmamos sua relevância nos âmbitos espiritual, social e cultural. Essa aliança tem operado historicamente como um verdadeiro farol, que orienta a trajetória humana e instrui-nos acerca do amor abnegado, da fidelidade e do compromisso contínuo. Ela nos serve como um eterno lembrete a respeito da forma com que somos convocados a interagir com o próximo e para com Deus. O matrimônio estabelece uma ponte entre linhagens pretéritas, contemporâneas e futuras; ele representa um incessante apelo à transformação pessoal e ao desenvolvimento conjunto, tendo como inspiração o sagrado elo entre Cristo e a Igreja.

> TANTO A MATERNIDADE QUANTO A PATERNIDADE EVOCAM ENTREGA E ABDICAÇÃO PROFUNDAS; OS FILHOS SÃO BÊNÇÃOS DO CÉU QUE LAPIDAM NOSSA HUMANIDADE E FIGURAM COMO VÍNCULOS COM O PORVIR.

A descoberta do outro

Há uma busca paralela e complexa que permeia o mosaico da constituição familiar: o anseio pela felicidade. As pessoas sempre procuraram ser felizes, e contrariando a concepção popular de que este é o destino ao qual se chega após determinadas conquistas, a felicidade se desvela na verdade como uma jornada, da qual um dos aspectos fundamentais é o apreço pelo próximo.

Em um mundo frequentemente marcado pelo individualismo exacerbado, torna-se fácil esquecer a importância da

Os fundamentos matrimoniais

conexão humana. Entretanto, é inegável que a interação e convivência com outras pessoas diferentes de nós e repletas de particularidades tem o poder de aperfeiçoar nosso caráter e renovar nossa visão de mundo, por mais desafiador que seja. A felicidade, assim sendo, em vez de ser um mero troféu, é um estado d'alma a ser delicadamente cultivado por meio da empatia e do amor.

Na sua obra *A Descoberta do Outro*, Gustavo Corção[1] (1944) guia o leitor pelos mistérios da psique humana e revela que a compreensão do outro é um espelho para a descoberta de nosso próprio ser interior. Corção discerniu que, até mesmo entre casados, a procura pela felicidade é uma constante. Contudo, muitos, de forma equivocada, vislumbram o matrimônio sob o prisma do benefício pessoal e geram expectativas irrealistas que culminam em insatisfação. Jamais podemos demandar que alguém nos faça feliz. Esse estado é volátil e evanesce ao menor indício de tentativa de coação. No entanto, um caminho mais sutil e, paradoxalmente, mais eficiente para a sua conquista reside na abnegação.

> [...] Há maior felicidade em dar do que em receber (Atos 20.35).

Em nosso cenário contemporâneo, repleto de imagens e retóricas que nos instigam a acreditar que a felicidade reside na acumulação material, bem como em outras aspirações egocêntricas, inúmeras pessoas sucumbem a tal ilusão e acabam encontrando-se à beira de um precipício de melancolia e vazio. Não por acaso, a verdadeira felicidade é, frequentemente,

---

1 Gustavo Corção foi um importante escritor e intelectual brasileiro, conhecido por sua influência no pensamento católico brasileiro. Nascido no Rio de Janeiro, ele se converteu ao catolicismo e se tornou uma voz proeminente do conservadorismo e do tradicionalismo católico. Corção escreveu diversos livros e artigos sobre temas religiosos, filosóficos e políticos; foi também um crítico literário e um dos primeiros a reconhecer o talento de Clarice Lispector, a quem ele ajudou a lançar no cenário literário.

Famílias indestrutíveis

encontrada naqueles cuja alegria está no ato de servir ao seu semelhante.

Dona Chica, minha avó materna, personificou muitíssimo bem a generosidade, e eu tive como privilégio a chance de aprender com seu exemplo. A riqueza de sua alma resplandecia em cada um de seus gestos e palavras. Sua figura inesquecível invariavelmente me conduz ao versículo de Provérbios 15.17: "É melhor ter verduras na refeição onde há amor do que um boi gordo acompanhado de ódio". De fato, em todo prato que ela preparava, a mensagem deste versículo parecia se tornar palpável, mostrando-nos que a alegria se mede pela genuinidade de nosso afeto pelo próximo.

O testemunho de dona Chica marcou-me profundamente, e ainda hoje carrego memórias dos finais de semana que passava em sua singela residência, com minha irmã, meu irmão e meus três primos. Cuidar de todas aquelas crianças não parecia, nem de longe, ser um peso ou uma obrigação para minha avó. Era como se ela não precisasse de recompensas outras para gastar-se por nós. Estar conosco e nos servir era toda a gratificação de que precisava e, de alguma forma, ela encontrava uma felicidade fascinante naqueles momentos, a qual expressava claramente ao longo do tempo que nos dedicava.

Jesus Cristo, nosso modelo preeminente, consagrou seus dias na Terra ao propósito de glorificar o Pai celeste e trazer salvação à humanidade, doando-se por completo. Suas obras refletiam um comprometimento e uma devoção ímpares. Seu amor a Deus e às pessoas não se originava de anseios autocentrados, mas resplandecia em entrega radical. A alegria do nosso Mestre baseava-se na convicção de que, por meio de seu sacrifício, incontáveis almas seriam imbuídas de esperança, amor e redenção.

O trajeto da vida, adornado por obstáculos e triunfos, é uma constante descoberta do outro e de nós mesmos, interligada pelo fio condutor do amor. Amar significa transpor os limites do

Os fundamentos matrimoniais

ego e permitir que, diante de nós, o nosso próximo resplandeça. Por mais que a sociedade contemporânea possa, em certos momentos, perder-se na dissonância do materialismo e do individualismo, o chamado à compreensão mútua deve ser permanentemente lembrado por nós.

Uma só carne

> Por essa razão, o homem deixará pai e mãe e se unirá à sua mulher, e eles se tornarão uma só carne (Gênesis 2.24).

Como se sabe, as bodas simbolizam o momento a partir do qual duas vidas assumem o comprometimento de caminharem juntas, buscando uma harmonia em que a individualidade de um se entrelaça com a do outro. Cada parte deve ceder seu espaço autônomo para abraçar uma vivência compartilhada. Na tradição hebraica, a terminologia *"basar"* [uma só carne] é um reflexo eloquente dessa concepção. Ao aludir à carne e à alma do ser, o termo evoca a intimidade física entre os cônjuges e ressalta a fusão espiritual e emocional que o matrimônio pode gerar.

Portanto, a compreensão do conceito "uma só carne" desvenda uma série de implicações práticas. No estado de *"basar"*, as concepções de "eu" e "você" fundem-se em "nós". Aspirações individuais se transformam em objetivos comuns, e decisões passam a ser tomadas visando o bem-estar conjunto.

AS BODAS SIMBOLIZAM O MOMENTO A PARTIR DO QUAL DUAS VIDAS ASSUMEM O COMPROMETIMENTO DE CAMINHAREM JUNTAS, BUSCANDO UMA HARMONIA EM QUE A INDIVIDUALIDADE DE UM SE ENTRELAÇA COM A DO OUTRO.

O matrimônio instiga uma reinterpretação dos padrões da vida autônoma. Gradualmente, ideias como "meu dinheiro" ou "meu tempo" transmutam-se para "nosso dinheiro" e "nosso tempo". Além do mais, o espectro emocional torna-se comunitário:

Famílias indestrutíveis

ambos celebram quando um se alegra; e, se um lamenta, ambos compartilham do pesar.

Com o tempo, é natural que o casal alinhe seus gostos, aversões e valores fundamentais. Tal ligação, que após anos de convivência pode culminar na escolha do mesmo restaurante ou até na defesa de valores semelhantes, é a manifestação de uma sincronia na interpretação do mundo ao redor; afinal dois não caminham juntos a menos que estejam de acordo (cf. Amós 3.3). Em outras palavras, não é viável que casais apresentem grandes divergências em suas aspirações e perspectivas. Pelo contrário, é crucial chegarem a um denominador comum, ou seja, que suas bases se encontrem bem ajustadas. Mais do que meramente coexistir, marido e mulher necessitam de alinhamento quanto à percepção do que é esteticamente belo, moralmente puro e intrinsecamente bom.

A noção de transformar-se em "uma só carne", conforme citada em Gênesis 2.24, expressa uma profundidade afetiva e realça a necessidade de se desvincular, ainda que parcialmente, de laços familiares anteriores, o que não sugere um corte abrupto ou total dessas conexões, mas um reajuste de prioridades. A partir do momento em que um homem e uma mulher se unem sob a aliança do casamento, é vital que estabeleçam sua própria identidade conjugal, a qual requer certamente a criação de novos limites, em especial com os familiares que antes eram os mais próximos, como pai e mãe.

Esse processo, longe de ser uma renúncia, é na verdade um fortalecimento da nova relação, que passa a ser construída sobre um fundamento sólido e independente. Muitos casais, mesmo estando intimamente ligados, preservam resquícios palpáveis de suas conexões precedentes, o que pode relegar o elo matrimonial a um plano secundário. Essa dinâmica torna-se perceptível, por exemplo, quando um homem mantém um vínculo mais estreito com sua mãe do que com sua esposa.

Os fundamentos matrimoniais

A dependência, seja de cunho emocional ou financeiro em relação à família de origem, pode comprometer as decisões conjuntas de um casal, submetendo-o a interferências externas. Embora pai e mãe sejam fontes imprescindíveis de afeto e orientação na vida, é importante que cada nova família reconheça a necessidade de estabelecer suas próprias prioridades e obterem autonomia. Essa priorização não se restringe apenas às relações mencionadas, mas estende-se à interação com os próprios filhos.

Quando observamos o amor incondicional que pais nutrem por suas crianças, torna-se plenamente justificável a dedicação, de corpo e alma, ao bem-estar e crescimento delas. No entanto, o cônjuge nunca deve ser deixado em segundo plano, visto que ambos, juntos, constituem a base do lar. Podemos imaginar a relação marital como o alicerce inabalável de uma árvore, ao passo que os descendentes representam os frutos que ela produz. É necessário que o sustentáculo receba os devidos cuidados para que o todo não se debilite ou, em situações extremas, sucumba.

Os filhos, por sua natureza, amadurecerão e trilharão caminhos com as novas gerações que edificarão; quando esse momento chegar, o que permanecerá é o laço entre o casal, a raiz que os originou. O casamento, portanto, demanda uma recalibração meticulosa de prioridades em que marido e mulher são consagrados como uma entidade central e autônoma, sem insinuar reclusão ou marginalização de vínculos significativos preexistentes. A união entre os cônjuges deve resplandecer, ocupando uma posição elevada, e ambos precisam respeitar o mandamento sagrado de se tornarem "uma só carne".

É por essa razão que faz todo o sentido encararmos a aliança matrimonial como uma jornada de purificação, na qual ambos os cônjuges cooperam para um refinamento recíproco, espiritual e emocional, que reflete a relação entre Cristo e a Igreja. Em seu tratado *Christian Behaviour* (1674)

Famílias indestrutíveis

— "Comportamento Cristão" em português —, John Bunyan[2] articulou a respeito da relação entre marido e esposa na fé: "Em resumo, seja tal marido para tua esposa crente, que ela possa dizer: Deus não só me deu um marido, mas alguém que todos os dias prega sobre o comportamento de Cristo para com sua igreja".

FAZ TODO O SENTIDO ENCARARMOS A ALIANÇA MATRIMONIAL COMO UMA JORNADA DE PURIFICAÇÃO, NA QUAL AMBOS OS CÔNJUGES COOPERAM PARA UM REFINAMENTO RECÍPROCO, ESPIRITUAL E EMOCIONAL, QUE REFLETE A RELAÇÃO ENTRE CRISTO E A IGREJA.

Esse aconselhamento, por mais conciso que seja, possui um impacto considerável na vivência conjugal. Todo esposo deve voltar seus olhos, incessantemente, a Cristo e viver em busca de espelhar sua natureza. Se desdenharem ou negligenciarem suas esposas, descumprem a missão que o Pai celeste lhes confiou e adulteram a exemplaridade sagrada. Cada gesto, palavra ou atitude, por mais imperceptível que pareça, apresenta implicações significativas e deve ser ancorada no amor, longanimidade e devoção que Cristo dedicou a sua preciosa Igreja.

A substância do matrimônio, tal como insculpido nas Escrituras Sagradas, manteve sua relevância ao longo do tempo e traduz-se em uma jornada de conhecimento e introspecção, que, embora possa ser íngreme, tem na cooperação entre os cônjuges e na dependência de Deus sua estrela guia. O casamento desdobra-se em uma história, ao longo da qual o ápice triunfal é a perpetuação de

---

2 John Bunyan (1628-1688) foi um escritor inglês mais conhecido por sua obra-prima alegórica, *O Peregrino* (The Pilgrim's Progress), considerada um dos grandes clássicos da literatura cristã. Bunyan escreveu o livro enquanto estava na prisão devido à sua recusa em parar de pregar, uma atividade que, na época, era ilegal sem a aprovação da Igreja da Inglaterra. Bunyan, um batista, também foi um proeminente pregador, e seus sermões e tratados teológicos influenciaram gerações de cristãos.

um amor que se renova e fortalece à medida que o tempo passa. E é precisamente tal fervor, assim como a cumplicidade, que edificam a aliança e fazem com que a relação não apenas resista às adversidades, mas também frutifique e, desse modo, perdure.

O fundamento teológico do casamento

Embora a literatura sobre matrimônio seja vasta e diversa, é na Bíblia que descortinamos a verdade indiscutível sobre a sagrada liturgia conjugal que, aos olhos do Senhor, é como uma sinfonia em que corpos, almas, destinos e propósitos harmonizam-se em perfeita cadência. Precisamente em Gênesis 2.22-24, deparamo-nos com uma passagem bastante expressiva, a qual gostaria de retomar e enfatizar:

> Com a costela que havia tirado do homem, o Senhor Deus fez uma mulher e a levou até ele. Disse então o homem: "Esta, sim, é osso dos meus ossos e carne da minha carne! Ela será chamada 'mulher', porque do homem foi tirada". Por essa razão, o homem deixará pai e mãe e se unirá à sua mulher, e eles se tornarão uma só carne.

Esse trecho é um legado destinado a todos os casais, e dele, destilam-se três pilares fundamentais do casamento: a monogamia, a heterossexualidade e a indissolubilidade, atestando a constituição de uma aliança entre homem e mulher, destinada a perdurar no carrossel finito da existência. Por mais que inúmeras interpretações e perspectivas acerca do amor e da relação marital tenham surgido ao longo dos séculos, somente no Senhor revela-se o que é verdadeiro.

A monogamia, embora firmemente delineada na Palavra de Deus, é contestada por vozes discrepantes que aludem a registros bíblicos que retratam poligamias entre figuras patriarcais, reis e profetas. O que essas pessoas não costumam

Famílias indestrutíveis

observar, contudo, são as tenebrosas consequências dessa espécie de relacionamento.

Salomão, com seu opulento harém, viu-se tragado pela perdição devido a suas inúmeras esposas. Jacó, por sua vez, foi assolado pelas rivalidades entre Lia e Raquel. Davi, apesar de sua fervorosa devoção, navegou por mares turbulentos por conta de suas várias alianças matrimoniais. Inclusive, sua união com Bate-Seba trouxe infortúnios à sua linhagem. Abraão, em seu impulso de assegurar uma descendência, gerou uma teia complexa entre Sara e Agar, com repercussões que persistem até os dias de hoje.

Em cada um desses episódios, há uma lúcida verdade: a poligamia desencadeia graves complicações. Por outro lado, a despeito das escolhas poligâmicas desses homens de Deus, a mensagem subjacente é inequívoca: a monogamia é o projeto celestial preconizado para o matrimônio. Uma boa relação nupcial, conforme arquitetada na criação, celebra a conjunção de um único homem e uma única mulher. Em sua imensa misericórdia, o Senhor pode ter, em momentos, exercido tolerância tanto à poligamia quanto ao divórcio devido à dureza do coração humano; contudo, tal indulgência jamais deve ser confundida com sua aprovação ou desejo. Portanto, em vez de focarmos em situações atípicas, devemos alinhar nossa compreensão e prática ao padrão estabelecido pelo Pai.

A heterossexualidade se consagra como a expressão da vontade de Deus nas interações humanas. Desde a narrativa da Criação, é perceptível de que modo o desígnio celestial delineia o matrimônio. Entretanto, adentramos uma época caracterizada por uma pluralidade de pensamentos e crenças, em que a concepção tradicional do casamento é meticulosamente desconstruída e reconfigurada conforme o pensamento moderno relativista.

Muitas sociedades contemporâneas legitimam uniões homossexuais e chegam a considerá-las como um progresso

Os fundamentos matrimoniais

nas noções de bons relacionamentos. Porém, apesar de serem equivocadamente interpretadas por uma parcela da sociedade como representações de equidade e inclusão — dois atributos que, consensualmente, remetem a uma sociedade justa —, divergem do modelo primordial instituído no Éden.

Toda obra esculpida pela mão do Altíssimo carrega consigo a dádiva de gerar, multiplicar e frutificar. Desde as florestas copiosas até os seres mais singelos, a vida celebra o rito sagrado da multiplicação. As árvores, ao alçarem seus ramos, desabrocham e liberam sementes; os animais, movidos por impulsos naturais, garantem a continuidade de sua linhagem.

Na vastidão da existência humana, o princípio da multiplicação também prevalece. A aliança entre homem e mulher é imbuída de uma benção singular: a dádiva da procriação. É somente por meio da união heterossexual que a linhagem humana se perpetua, assegurando o fluxo contínuo de sua existência, e isso, mais do que uma mera funcionalidade biológica, é um testemunho do desejo celestial. O Senhor aspira que o matrimônio sirva como conduto de graça e vida, o que é possível apenas na relação harmoniosa e complementar de um homem e uma mulher.

No Evangelho de Mateus, fazendo alusão a Gênesis, Jesus questionou os fariseus: "[...] Vocês não leram que, no princípio, o Criador 'os fez homem e mulher' e disse: 'Por essa razão, o homem deixará pai e mãe e se unirá à sua mulher, e os dois se tornarão uma só carne'"? (Mateus 19.4-5). E com uma inequívoca autoridade, afirmou: "Assim, eles já não são dois, mas sim uma só carne. Portanto, o que Deus uniu, ninguém separe" (Mateus 19.6).

> **TODA OBRA ESCULPIDA PELA MÃO DO ALTÍSSIMO CARREGA CONSIGO A DÁDIVA DE GERAR, MULTIPLICAR E FRUTIFICAR. DESDE AS FLORESTAS COPIOSAS ATÉ OS SERES MAIS SINGELOS, A VIDA CELEBRA O RITO SAGRADO DA MULTIPLICAÇÃO.**

Famílias indestrutíveis

Duas verdades provêm dessa passagem:

1. A união celestial: Deus entrelaça as almas de um homem e uma mulher no matrimônio. Ao proclamarem seus votos, o casal não está circunscrito pela presença terrena; é o Senhor quem confere solidez à aliança.
2. A permanência até a morte: conforme as palavras de Cristo, aquilo que foi selado pela mão de Deus não deve ser desfeito pela vontade humana. A aliança, cristalizada sob a graça dos Céus, deve ser venerada e inalterada até que nosso inexorável destino, a morte, trace a linha final de nossa existência na Terra. Apenas nesse momento, os compromissos nupciais encontram sua liberação.

Homem e mulher são chamados a refletir a imagem e semelhança de Deus. O casal desempenha uma função quase sacerdotal em sua comunidade, ou seja, ambos são vistos como portadores de uma missão espiritual conferida desde o princípio. Estão destinados a serem exemplos em ações, valores, princípios e fé. E em cada gesto, decisão e desafio enfrentado, têm a oportunidade de resplandecer e manifestar a glória do Senhor.

Portanto, é crucial que os casais reconheçam sua posição na sociedade, ratifiquem legalmente seu vínculo, e simultaneamente, almejem a bênção e aprovação de sua comunidade religiosa. Tais gestos, ainda que não sejam os pilares para a conceituação teológica do casamento, testemunham nossa obediência ao plano de Deus e nosso anelo em servi-lo com fidelidade em todos os aspectos de nossa vida.

Capítulo 3

SÍMBOLOS E SIGNIFICADOS

Já parou para refletir sobre a tendência litúrgica do ser humano? O tempo inteiro somos atraídos por padrões simbólicos que modelam e influenciam nossas emoções e desejos. Curiosamente, tais liturgias não se restringem apenas aos espaços religiosos. Considere locais comerciais, como *shoppings*, por exemplo. Por meio de um olhar perspicaz, percebe-se que podem ser considerados autênticos santuários do consumo.

Cada detalhe desses ambientes é cuidadosamente pensado: fragrâncias seletas permeiam o ar, e a arquitetura imponente, muitas vezes pontuada por tetos elevados, remete à grandiosidade de uma catedral. Além disso, músicas preenchem os recintos, com a intenção de dirigir suas emoções e assim estimular sua disposição para comprar. Estar nesses lugares pode ser uma experiência quase enigmática: ao entrar de dia e sair ao cair da noite, tem-se a impressão de ter sido transportado para um universo à parte.

Essa ambientação cativante não é fruto do acaso. Os *designers* desses "santuários comerciais" são mestres na arte de influenciar nossos pensamentos e coração de modo sutil.

Famílias indestrutíveis

Por trás de cada projeto, carregam a intenção de levar-nos a mergulhar naquele mundo, emocionando-nos, a fim de consumirmos.

O TEMPO INTEIRO SOMOS ATRAÍDOS POR PADRÕES SIMBÓLICOS QUE MODELAM E INFLUENCIAM NOSSAS EMOÇÕES E DESEJOS.

O ser humano é moldado pela linguagem de símbolos e tradições, e, por esse motivo, é impossível negar o poder desses elementos em nossa percepção da realidade. Certas imagens ou atitudes podem transmitir uma variedade de sensações e sentidos que, frequentemente, palavras não são capazes de expressar. No contexto matrimonial, a simbologia desempenha um papel elementar, pois ajuda-nos a compreender o significado dessa união para o marido e para a esposa. Isso quer dizer que mesmo pequenos gestos no convívio diário entre um casal carregam grande valor figurado.

Entre tantas, há uma metáfora reveladora que as Escrituras nos legam, sob a qual o cerne do matrimônio descansa: o cordão de três dobras (cf. Eclesiastes 4.12). Ele configura uma alegoria poética para a resiliência do vínculo conjugal, sendo composto pela esposa, o marido e o Eterno, aquele que permeia e revigora a união entre ambos. Sua influência vai além da mera força de coesão, estendendo-se para a graça e bênção derramadas sobre o casal. Não só isso, mas é o Senhor quem de fato sustenta e oferece um alicerce forte ao lar, para que permaneça inabalável mesmo diante das tempestades da vida.

Sempre que olho para a aliança em meu dedo, sou remetido à centralidade de Deus em meu casamento e em minha vida. Fiz, primeiramente, promessas ao Senhor e, depois, à minha querida Jéssica. Promessas essas que se concretizam por meio de minha dedicação e lealdade a ela. Contudo, a minha aliança com o Eterno constitui a base fundamental de todo o meu comprometimento, enquanto meu laço com a Jéssica reflete e se origina dessa relação primária com o Criador. O respeito, a

Símbolos e significados

ternura e a lealdade que dedico a ela são, primordialmente, um testemunho do meu pacto com o Pai celestial, que presenciou e abençoou os votos que proferi no altar.

Somente sob a tutela e bênção de Deus, a capacidade de doar-se, amar e sacrificar se manifesta de forma absoluta, pois ele é a fonte inesgotável do amor. Tanto é que o esplendor do matrimônio está justamente na participação do Senhor, a terceira dobra, que torna o cordão difícil de ser quebrado. Por essa razão, a metáfora presente em Eclesiastes 4.12 representa a verdade mais pura sobre o casamento: é uma comunhão na qual os cônjuges são envolvidos pela presença do Altíssimo, que consolida e santifica a união.

Em 1Coríntios 6.19-20, deparamo-nos com uma outra analogia poderosa sobre a santidade do corpo humano, a qual se relaciona com a simbolismo do sacerdócio na relação matrimonial. O apóstolo Paulo explica que somos individual-mente templos do Espírito Santo, uma noção prefigurada na arquitetura do templo israelita que possuía distintas divisões em seu interior. Havia o átrio, acessível a todos os israelitas, o Santo Lugar, exclusivo aos sacerdotes, e o Santo dos Santos, ao qual apenas o sumo sacerdote tinha acesso, uma vez ao ano (cf. Êxodo 25-27).

Esse conceito pode ser aplicado ao resguardo de nosso corpo, considerando a mensagem que transmitimos com nossas vestes e o fato de que, ao consagrarmos nossa vida a Cristo, tornamo-nos morada do Espírito Santo. Sendo assim, da mesma forma que não era permitido estranhos adentrarem ao Santo dos Santos — ou sequer visualizarem seu interior —, existem regiões do nosso corpo que se destinam exclusivamente àqueles com quem estabele-cemos uma conexão marital. O cônjuge assume o papel de um

> **É O SENHOR QUEM DE FATO SUSTENTA E OFERECE UM ALICERCE FORTE AO LAR, PARA QUE PERMANEÇA INABALÁVEL MESMO DIANTE DAS TEMPESTADES DA VIDA.**

sacerdote, que possui a graça divina para acessar e honrar as regiões mais sacras de seu parceiro; privilégio este que testemunha o respeito inerente ao vínculo de marido e mulher.

Na epístola aos Hebreus, o leito matrimonial é figurado como algo que deve ser conservado puro (cf. Hebreus 13.4). A cama, nessa perspectiva, é mais do que um móvel medular; ela se transforma em um refúgio no qual o casal celebra sua aliança, alheio às influências externas. Cada interação conjugal feita nesse espaço é uma reafirmação do comprometimento e manifestação do amor mútuo. Portanto, cabe um alerta: assim como é possível profanar um templo, nosso leito e o próprio corpo também podem se encontrar vulneráveis ao desrespeito; os que se entregam de forma indistinta correm o risco de desvalorizar algo sagrado.

> **REUNIR-SE EM TORNO DA MESA É UM CONVITE AO ENCONTRO DE OLHARES, À TROCA DE VIVÊNCIAS E AO APREÇO RECÍPROCO.**

Outro símbolo de valor ímpar é a mesa, que representa o altar no qual a família se reúne para alimentar-se e estreitar os laços. A Bíblia traz referências à comunhão em torno da mesa — como a última ceia de Cristo com seus discípulos (cf. Lucas 22.7-20) —, que ilustram a importância da partilha e união. Reunir-se em torno da mesa é um convite ao encontro de olhares, à troca de vivências e ao apreço recíproco. O cultivo dessas ocasiões no cotidiano reforça os vínculos familiares, e pode ser uma das maneiras mais simples e eficazes de melhorar a qualidade das relações.

Infelizmente, os avanços tecnológicos e o frenesi da vida moderna ameaçam a recorrência de tais momentos preciosos. Há, por exemplo, a tentação de levar o celular à mesa, o que permite com que mensagens e vídeos desviem nossa atenção de nossa família e prejudiquem a conexão autêntica que se busca estabelecer com ela. A mesa, portanto, deve ser preservada como um refúgio isento de tensões e reverenciada como epicentro do lar.

Símbolos e significados

Ainda na trilha simbólica do casamento, deparamo-nos com um de seus emblemas mais sérios: os votos matrimoniais, que validam a devoção e a promessa que cada cônjuge estabelece diante de Deus e reciprocamente. Em dias marcados pela efemeridade e pelo imediatismo, a santidade dos votos matrimoniais parece, em diversas ocasiões, ter perdido seu brilho, e é preocupante observar que, para alguns, as promessas feitas no altar parecem ter se tornado meras formalidades. São, contudo, um comprometimento sagrado feito publicamente, que deve ser mantido até o fim de nossa vida na Terra.

Não à toa, começamos os votos tradicionais dizendo: "Eu recebo você"; essas palavras representam um pacto de aceitação incondicional, que compreende tanto as virtudes quanto as imperfeições do outro. A Bíblia espelha essa mesma essência de união e suporte mútuo; em Eclesiastes 4.9-10, vislumbramos o encanto do compromisso de caminhar lado a lado, independentemente das adversidades: "Melhor é serem dois do que um [...] Porque, se um cair, o outro levanta o seu companheiro [...]" (ARC). Quando o marido afirma receber sua mulher como esposa, ele também está afirmando renunciar a todas as demais. Isso nos lembra da fidelidade e da exclusividade do vínculo conjugal.

A presença da palavra "legítima" estabelece a profundidade da relação; é a confirmação de um compromisso solene diante de Deus. Tal terminologia não é trivial, pois legitimar corresponde a atribuir validação legal ou social a algo. Em outras palavras, retrata uma asserção de que o parceiro é reconhecido, apreciado e acolhido, tanto como cônjuge quanto como ser individual, portador de sua própria identidade e valor.

Envoltos pela promessa de entrega total, os votos imprimem uma responsabilidade que não se limita à exclusividade física, mas abrange as dimensões emocional, mental e espiritual. Significa mostrar-se presente nas diversas instâncias e situações, em honra ao laço construído e à confiança mútua, sabendo que ser fiel demanda uma atenção e blindagem contínuas

Famílias indestrutíveis

contra seduções, flagrantes ou comportamentos sutis, que possam comprometer a união.

"Amar e respeitar" é uma lembrança de que palavras e atitudes têm o poder de edificar, assim como de destruir. A passagem de Tiago 3.5,6 nos adverte sobre a língua, ao afirmar que ela "[...] é um pequeno órgão do corpo, mas se vangloria de grandes coisas [...] a língua é um fogo; é um mundo de iniquidade [...]". Portanto, faz-se necessário zelar pelo elo conjugal, proferindo palavras que reverberem amor e reverência.

> **"AMAR E RESPEITAR" É UMA LEMBRANÇA DE QUE PALAVRAS E ATITUDES TÊM O PODER DE EDIFICAR, ASSIM COMO DE DESTRUIR.**

Permanecer juntos "na alegria e na tristeza, na saúde e na doença, na riqueza e na pobreza" expressa a constância de uma aliança que não oscilará perante circunstâncias variáveis. O trecho de Romanos 8.38-39 nos confirma que nada pode nos afastar do amor de Deus; analogamente, o casamento aspira a um amor que se mantenha firme no decorrer de todas as estações da vida.

Testemunhamos, por fim, uma das declarações mais profundas e comoventes que existem: "até que a morte nos separe". Os noivos, com olhares fixos um no outro, selam sua dedicação mútua e conectam-se por meio de uma promessa que se estende para além do agora, até o último suspiro de vida. Sua união funde-se em uma composição tão íntima, que apenas a morte, irrevogável e implacável, tem o poder de desfazer.

Infelizmente, no mundo contemporâneo, muitos tratam o casamento com leviandade e indiferença, como se fosse um acordo facilmente anulável. Porém, surge a dúvida: será que pode existir uma entrega real quando há sempre a sombra de um possível abandono? Porventura a confiança conseguirá germinar enquanto a apreensão da separação paira sobre cada conflito ou mal-entendido? A Palavra nos lembra que o amor tudo sofre, tudo crê, tudo espera e tudo suporta

Símbolos e significados

(cf. 1Coríntios 13.7). Quando um matrimônio é embasado nesses princípios e marcado por resiliência, fé e perseverança, a palavra "divórcio" não deve nem mesmo ser mencionada.

Então, mais uma camada de significado se desvela no tecido simbólico do casamento, contendo o ápice de todos os símbolos conjugais: a alegoria profética de Cristo e sua Noiva. Espera-se que o marido seja um reflexo do amor, proteção e liderança de Cristo e, por meio de suas ações e palavras, atue como um guia para sua esposa, a qual é convocada a personificar a devoção, submissão e pureza da santa Igreja. Juntos, materializam um conto de amor no qual cada parte tem seu papel único.

Em meio ao turbilhão de mudanças da atualidade, a simbologia do masculino e do feminino permanece substancial em nossa compreensão e interpretação da realidade. Dia após dia, intensifica-se o debate sobre os papéis sociais do homem e da mulher — há quem defenda sua fluidez e aqueles que enfatizam suas nítidas distinções. As Escrituras, por sua vez, delineiam claramente que existem particularidades em características e funções; contudo, homem e mulher possuem igual dignidade aos olhos de Deus. Negar nossa própria essência pode submergir-nos em conflitos internos, por isso, a importância da autocompreensão e aceitação pautadas na realidade concreta.

Em um exército, é essencial que cada membro compreenda bem a sua função, do contrário, dificilmente uma missão será bem-sucedida. O atirador de elite, vital para a segurança do grupo, tem de saber qual é o lugar mais estratégico para se posicionar, evitando o risco de ficar exposto ou sem uma linha de visão clara. Simultaneamente, o médico, que deve atender os feridos, precisa identificar com rapidez a quem deve socorrer primeiro. No casamento, algo semelhante ocorre: cada parte necessita assimilar e aceitar suas responsabilidades, pois o inverso acaba gerando conflitos e até mesmo uma separação.

Proveniente do equilíbrio entre os papéis caracteristicamente masculinos e femininos, a harmonia deve ser um objetivo na interação entre ambos. Homens e mulheres precisam reconhecer e exaltar aquilo que os distingue; celebrar tais peculiaridades não implica minimizar o valor de um em detrimento do outro, mas, sim, apreciar a rica diversidade concebida pelo Criador. Ao evocarmos a imagem de um homem ou uma mulher, surgem certas representações arquetípicas — forjadas ao longo de séculos de tradição —, que moldam nossas expectativas e aspirações, em particular no âmbito conjugal.

Nossa anatomia, história e, sobretudo, a nossa fé revelam-nos que cada sexo tem um propósito. Portanto, é válido explorar em detalhes os deveres específicos de um e outro, conforme delineados nas Sagradas Escrituras e costumes antigos, a começar pelo homem.

1. O marido deve ser o cabeça do lar.
Em Efésios 5.23, a Bíblia afirma que "o marido é o cabeça da mulher, como também Cristo é o cabeça da Igreja [...]". Esse papel de liderança convoca o esposo a conduzir a família com discernimento, amor e humildade, reconhecendo sempre a coparticipação da mulher.

Douglas Wilson,[1] em *Reformando o Casamento* (2017), argumenta que mesmo quando um homem se abstém ou

---

1 Douglas Wilson é um autor e teólogo cristão reformado contemporâneo, conhecido por sua prolífica produção literária e seu engajamento em questões teológicas, culturais e políticas. Ele é fundador e pastor sênior da Christ Church, uma igreja reformada em Moscow, Idaho, e também é o diretor do New Saint Andrews College. Wilson é amplamente reconhecido por suas opiniões conservadoras e sua defesa do cristianismo reformado. Suas obras abordam temas que vão desde a apologética cristã até questões de ética, casamento, sexualidade e política.

Símbolos e significados

hesita, ele continua a exercer liderança — seja por sua ausência, omissão ou vulnerabilidade. Uma figura paternal que se ausenta do lar, por exemplo, semeia emoções desajustadas, bem como traumas persistentes nos corações daqueles que foram abandonados.

Faz-se necessário, neste contexto, distinguir liderança de dominação. O que se espera de um homem não é tirania nem puramente democracia; não se trata de uma autocracia rígida nem de uma abdicação total de autoridade. Uma liderança autêntica, à semelhança de Cristo, coloca a coesão e bem-estar da família em primeiro plano.

2. O marido deve amar a esposa de maneira sacrificial.

Inspirado pelo amor de Cristo pela Igreja, o homem é instado a amar sua esposa a ponto de oferecer a própria vida por ela, como está escrito: "Maridos, ame cada um à sua mulher, assim como Cristo amou a igreja e entregou-se por ela" (Efésios 5.25). No epicentro do amor masculino reside a prerrogativa de valorizar a esposa e elevá-la em estima e reconhecimento. Esse amor é, certamente, romântico, ao mesmo tempo em que implica proteção, provisão e dedicação constantes.

Desafios do cotidiano testam a resiliência do homem, sejam responsabilidades financeiras a preocupá-lo, noites insones decorrentes de alguma enfermidade em sua família, ou outros obstáculos que a vida apresenta. Tanto em sentido figurado quanto literal, é o homem quem se interpõe entre os seus e as ameaças, disposto a fazer sacrifícios sempre que preciso.

Assim, a natureza sacrificial do amor se manifesta em ações diárias: trabalhar horas extras para assegurar o bem-estar da família, renunciar momentos de descanso a fim de atender às suas necessidades ou simplesmente escutar com empatia e paciência a esposa e os filhos. Homens devem compreender que tal amor não se fundamenta no

Famílias indestrutíveis

reconhecimento; é um chamado para amar sua família, não por mérito, mas por compromisso e missão divina. Trata-se de uma escolha consciente, movida pela compreensão do valor inestimável daqueles a quem ama.

3. O marido deve ser amante de sua esposa.

A intimidade conjugal é um precioso presente do Senhor que demanda que o homem se aproxime de sua esposa com respeito, carinho e paixão. Utilizando uma linguagem sugestiva, o apóstolo Paulo retrata a intimidade marital como um dever a ser honrado entre os cônjuges (cf. 1Coríntios 7). O ato de se unir à esposa é tanto um momento de prazer como uma demonstração palpável de compromisso, fidelidade e respeito mútuo.

Lamentavelmente, na sociedade moderna, múltiplos obstáculos podem surgir e comprometer essa unicidade: estresse, hábitos alimentares inapropriados e ritmo de vida acelerado são algumas das questões que corroboram para que muitos homens lutem a fim de manter acesa a chama da paixão. Tais pontos chegam a interferir tanto na mente quanto no corpo do indivíduo, diminuindo a libido e, consequentemente, a procura por sexo com o cônjuge. Contudo, as falhas morais são ainda mais preocupantes do que todas as questões mencionadas.

Pornografia e autoerotismo exemplificam comportamentos que desvirtuam o propósito celeste da intimidade conjugal. A masturbação, especificamente, manifesta-se como um ato egoísta, o qual canaliza a energia sexual do indivíduo para si, privando a esposa da conexão íntima e singular a ela devida. De maneira análoga, a pornografia rompe a confiança matrimonial, ao instaurar uma ilusória sensação de proximidade com desconhecidos, em prejuízo da autêntica relação entre o casal. Cabe ao marido cuidar da integridade conjugal e direcionar toda sua atenção, afeição e anseio exclusivamente à sua mulher.

Símbolos e significados

4. O marido deve prover o lar de mantimentos.

No universo masculino, desempenhar o papel de provedor — aquele que fornece mantimentos e conforto à família — é uma responsabilidade fundamental. Por natureza, o homem é designado a trabalhar, e essa atribuição ganha especial relevância no contexto familiar, devido à responsabilidade direta em garantir que todos tenham o que precisam.

Em países como o Brasil, adversidades econômicas podem exigir que ambos, marido e mulher, contribuam financeiramente. Contudo, apesar das circunstâncias desafiadoras, o homem deve aspirar oferecer à sua esposa a oportunidade de dedicar-se à maternidade, sobretudo nos primeiros anos dos filhos, pois isso é o ideal. Pode parecer algo utópico, mas marido e mulher precisam se reconfortar na certeza de que podem contar com a presença constante e fiel de Deus Pai, o Provedor que atende suas necessidades, protege sua família e jamais os deixa desamparados.

Essa confiança, no entanto, não tem relação alguma com a passividade. É preocupante notar como alguns homens encontram-se estagnados no que tange ao crescimento profissional, realidade especialmente desastrosa ao pai de família, afinal sua falta de ambição e proatividade afeta a estabilidade financeira do lar e dinâmica conjugal. Em contrapartida, a verdadeira masculinidade se expressa no compromisso, aspiração por desenvolvimento e contínuo propósito de oferecer o melhor à família.

Ser provedor está intimamente ligado ao amor abnegado, à entrega, ao constante anseio pelo conforto e proteção da família; para que essa missão seja bem-sucedida, o homem deve permanecer vigilante, ativo e fiel à sua vocação de pilar estável do lar.

5. O homem deve proteger a sua família.

Via de regra, o homem é dotado de uma força física superior a da mulher, devido à sua composição muscular e hormonal.

Famílias indestrutíveis

Por essa razão, ao longo da História, essa força foi canalizada para defender o lar e a comunidade; e assim, a função protetora consolidou-se na figura masculina, de modo que hoje o marido carrega a incumbência de proteger o ambiente familiar de ameaças e influências nocivas.

Para além de prover proteção contra os perigos físicos — como no caso de um assalto, por exemplo, em que se colocaria entre o criminoso e sua esposa ou filhos —, o homem carrega o dever moral de cuidar da atmosfera em que a família se desenvolve e de preservar a pureza espiritual da casa. É triste constatar que, em certos casos, homens que deveriam ser um refúgio para sua esposa e filhos transformam-se em uma ameaça, pois entregaram-se ao pecado.

Fora isso, o homem precisa apresentar boas condições, tanto do ponto de vista físico como emocional, para cumprir adequadamente seu papel de protetor. Demonstrar altruísmo, sobretudo em prol do bem-estar de seus entes queridos, é uma característica admirável; o homem tem de estar pronto a fazer renúncias, todas as vezes que for preciso e revestir-se de virtudes heroicas, as quais reafirmam um amor inabalável e comprometimento para com sua família.

6. O homem deve ser pai.

Esse honroso papel exige dedicação constante, uma vez que cada gesto e decisão paterna impacta a vida dos filhos de maneira significativa. Muitos lideram por intermédio de palavras, mas, conforme um antigo adágio nos ensina, enquanto "a palavra convence, o exemplo arrasta".[2] Ou seja, para esperar virtudes e valores dos pequenos, é primordial que os pais os vivenciem e os exponham nitidamente. Guiar as crianças pelo caminho certo requer mostrar-lhes as belezas e alegrias da vida,

---

2   Frase atribuída a Confúcio, pensador e filósofo chinês.

Símbolos e significados

alertá-los sobre adversidades, incutir-lhes o sentido de honra e esclarecer o que constitui uma vida virtuosa.

Também cabe ao pai disciplinar seus filhos, uma ação frequentemente entendida como uma imposição de regras, mas que é na realidade uma manifestação de amor. Em Hebreus 12.6, as Escrituras nos esclarecem: "pois o Senhor disciplina a quem ama, e castiga todo aquele a quem aceita como filho". Portanto, disciplinar é sinônimo de moldar caráter e inculcar valores, e embora seja uma incumbência tanto paternal quanto maternal, demanda que o pai assuma a liderança e mostre uma visão clara do que é certo e do que é errado, segundo os princípios que regem o lar.

Ser pai é um privilégio conferido por Deus, e isso não se restringe somente ao laço biológico, mas abrange também os vínculos adotivos ou espirituais. Em qualquer um dos casos, cabe à figura paterna criar um legado para que a geração futura consiga navegar pelos desafios do mundo com honra, integridade e fé. A vocação da paternidade está profundamente entrelaçada com amor, sacrifício e direção, e o homem que se dedica a esse chamado com zelo se estabelece como um líder fidedigno no santuário mais importante de todos: sua casa.

7. O homem deve ser a base espiritual do lar.

Espiritualidade é um pilar relevante da vida familiar, e o pai tem a nobre missão de orientar sua família a estabelecer uma rotina disciplinada de oração, meditação bíblica e engajamento em uma comunidade religiosa. Como guia espiritual, ele atende às demandas teológicas ao esclarecer dúvidas e trazer ensinamentos, além de organizar cultos domésticos, promover reflexões e manter-se fiel aos valores que considera imprescindíveis na fé.

Entender o homem como guardião espiritual do lar não significa, de forma alguma, diminuir a importância da

Famílias indestrutíveis

mulher ou desvalorizar sua contribuição nesse aspecto, mas sim reconhecer a existência de um líder primordial que, em harmonia com sua esposa, busca preservar a integridade da família na devoção ao Senhor. Compreendem uma colaboração alicerçada no amor e no respeito recíproco, a qual é essencial para um lar alinhado com princípios celestiais.

Cada responsabilidade que o homem abraça é permeada pela conscientização de seu propósito sagrado de servir como líder, protetor e provedor de sua família, guiando-a na fé e ensinando valores morais e espirituais.

Tendo isso em vista, exploraremos também os aspectos que delineiam a função da esposa, que dá suporte ao marido no ministério familiar.

ENTENDER O HOMEM COMO GUARDIÃO ESPIRITUAL DO LAR NÃO SIGNIFICA, DE FORMA ALGUMA, DIMINUIR A IMPORTÂNCIA DA MULHER OU DESVALORIZAR SUA CONTRIBUIÇÃO NESSE ASPECTO, MAS SIM RECONHECER A EXISTÊNCIA DE UM LÍDER PRIMORDIAL QUE, EM HARMONIA COM SUA ESPOSA, BUSCA PRESERVAR A INTEGRIDADE DA FAMÍLIA NA DEVOÇÃO AO SENHOR.

1. A mulher deve ser uma auxiliadora.

Ao observar sua impecável criação, Deus proclamou: "[...] Não é bom que o homem esteja só; farei para ele alguém que o auxilie e lhe corresponda" (Gênesis 2.18). Assim, pelas mãos do Criador, a mulher veio à existência, não como um mero apêndice, mas sim uma peça indispensável, desenhada para promover auxílio ao homem. Sua origem acentua a importância que possui, uma vez que ela foi desenhada para atuar como parceira na concretização dos propósitos divinos na Terra.

Recorrendo à uma analogia da aviação, por exemplo, a mulher não seria uma comissária de bordo e sim a copiloto. Ela não se encontra na aeronave para desempenhar funções menores, sua relevância é tão marcante

Símbolos e significados

quanto a do piloto. Metaforicamente, se o homem representa a direção e o discernimento (a cabeça), a mulher é o seu suporte (o pescoço). Sem ela, a cabeça não tem a adaptabilidade necessária para mover-se; ou seja, a mulher oferece ao homem o apoio e a confiança necessários para enfrentar e desvendar novos caminhos na vida.

2. A mulher deve ser submissa.

Interpretar com cuidado a orientação para que a esposa seja submissa ao marido se faz essencial. Em Efésios 5, Paulo encoraja as mulheres a serem submissas a seus maridos "[...] como ao Senhor" (5.22). Suas palavras não têm o intuito de colocar o homem no mesmo patamar de divindade que Deus. Em vez disso, elas ilustram a profundidade de devoção e respeito que uma esposa deve ter para com seu marido, similar à dedicação que precisamos ter para com o Senhor. Ainda mais revelador é um ensinamento de Pedro, que descreve o caso do marido que não segue a fé cristã. Mesmo em tal circunstância, o apóstolo aconselha a mulher a manter sua postura submissa, pois a maneira como se comporta pode ser o catalisador que o guia à fé (cf. 1Pedro 3.1-2).

Submeter-se significa reconhecer e valorizar o papel de liderança do marido, enquanto ele é exortado a cuidar de sua esposa e amá-la a ponto de oferecer a vida por ela. Deve haver reciprocidade, ambos dão e recebem, proporcionando sua contribuição única.[3]

---

3   É importante esclarecer que o conceito de submissão, conforme discutido no texto, não endossa ou justifica qualquer forma de agressão. A violência doméstica é uma grave violação dos princípios de amor, respeito e cuidado ensinados na Bíblia. Em casos de violência doméstica, é crucial que a vítima busque ajuda e denuncie o crime às autoridades competentes. Ninguém deve permanecer em uma situação que ameace sua segurança e integridade. Existem recursos e organizações dedicadas a oferecer suporte e proteção às vítimas de agressão doméstica. É essencial reconhecer que sair de uma situação de risco contra a vida é um ato de coragem, prudência e autopreservação, e não uma violação dos princípios bíblicos de submissão.

Famílias indestrutíveis

3. A mulher deve amar seu marido intimamente.

No âmbito matrimonial, a relação íntima é um presente de Deus, um momento em que o casal se une de maneira completa: física, emocional e espiritualmente. Além disso, configura um dever conjugal, tanto ao marido quanto à esposa. Infelizmente, devido a influências externas, equívocos ou experiências anteriores, algumas mulheres podem perceber esse ato como uma tarefa pesada. Todavia, o sexo deve ser o ponto culminante de uma série de interações e laços construídos entre os cônjuges ao longo do tempo; por meio de uma comunicação clara, empatia e consideração, a intimidade se transforma em uma celebração da aliança do casal.

Encontramos na Palavra do Senhor claras demonstrações da importância e do caráter sagrado da relação sexual no casamento. Em 1Coríntios 7.5, por exemplo, há uma orientação esclarecedora: Paulo instrui os cônjuges a não se privarem um do outro, exceto por consenso recíproco e temporariamente, evitando potenciais tentações. Isso não sugere que na ausência de intimidade sexual a infidelidade seja inevitável, pois um casal comprometido com os princípios de Deus sabe quão crucial é manter-se em santidade. No entanto, o cuidado com o bem-estar mútuo fortifica a relação, blindando-a frente a desafios.

4. A mulher deve administrar o lar com zelo.

Frequentemente, há um engano ao se interpretar o papel da mulher, pois muitos pensam que está limitado às tarefas domésticas. Porém, as Escrituras Sagradas e a tradição mostram uma perspectiva muito mais ampla; enquanto um homem é capaz de construir a estrutura física de uma casa, a mulher desempenha um papel inestimável: é por meio de seu afeto e amor que uma simples casa é imbuída de vida, transformando-se em um verdadeiro lar.

Nesse sentido, Salomão ressalta a capacidade feminina ao dizer que "a mulher sábia edifica a sua casa [...]" (Provérbios 14.1),

Símbolos e significados

em outras palavras, ela possui o dom de construir um ambiente esteticamente belo, um refúgio para o corpo, alma e espírito, onde há conforto e acolhimento. A atmosfera do lar reflete sua alma e evidencia traços de sua personalidade, organização e, acima de tudo, seu amor.

Em Provérbios 31, a "mulher virtuosa" refere-se a alguém cuja influência não se restringe à esfera doméstica; ela reverbera na comunidade e molda até mesmo a reputação de seu marido. Esse trecho contrapõe vigorosamente a ideia de que a Bíblia marginaliza a mulher; em vez disso, ela é exaltada e valorizada. O que distingue a mulher virtuosa é sua visão acerca do lar, o qual é reconhecido como uma fonte de realização e dignidade. Cada atividade é realizada com carinho e empenho, pois ela compreende que sua casa é, de fato, uma extensão de si mesma.

5. A mulher deve ser mãe.

Eis um privilégio que palavras jamais poderão descrever. Apesar do que afirmam pensamentos modernos, a maternidade não representa um papel secundário ou menor em relação à paternidade, e quem já experimentou a graça de ser mãe ou sentiu o acolhedor abraço materno, reconhece essa vocação como uma das mais nobres e inspiradoras da Terra. A capacidade de conceber, nutrir e moldar uma nova vida é uma honra sem paralelo, algo com a qual nenhuma conquista profissional ou outro reconhecimento externo pode rivalizar.

Além do mais, a maternidade transcende a conexão sanguínea, afinal há mulheres que, mesmo sem filhos biológicos, tornam-se mães adotivas ou espirituais, por exemplo. Elas acolhem e orientam vidas com verdade, sabedoria e amor; tornam-se pilares de segurança e consolo, desempenhando um papel vital para aqueles que careciam de uma figura materna presente.

No cenário atual, frequentemente observa-se uma visão condescendente ou até mesmo depreciativa em relação ao papel de mãe. Quando uma mulher opta por dedicar-se em tempo integral à criação dos filhos, há quem questione: "Você se dedica 'somente' a seus filhos?". Tal percepção míope negligencia o sentido da maternidade. Uma mãe não está "somente" cuidando de seus filhos; ela está devotando-se à posteridade, esculpindo almas, formando indivíduos destinados a um propósito eterno. E em um mundo que tanto apregoa o empoderamento feminino, faz-se crucial compreender que não existe ato mais grandioso do que moldar e influenciar as gerações vindouras.

> **UMA MÃE NÃO ESTÁ "SOMENTE" CUIDANDO DE SEUS FILHOS; ELA ESTÁ DEVOTANDO-SE À POSTERIDADE, ESCULPINDO ALMAS, FORMANDO INDIVÍDUOS DESTINADOS A UM PROPÓSITO ETERNO.**

Há oito anos minha esposa abdicou da carreira profissional para cuidar de nossos filhos. Essa decisão nos trouxe, em alguns momentos, certo arrocho financeiro, mas a terceirização da educação deles não era sequer uma opção para nós. Atualmente, sempre que assina algum documento e tem de indicar ocupação, responde com a expressão "do lar" e muitas vezes precisa lidar com a reação de espanto das pessoas. "Tão nova?", indagam; afinal, para a maioria dos pós-modernos, abdicar de dinheiro ou conquistas no mercado de trabalho em prol da criação de filhos é um absurdo.

A mentalidade ideológica fez grande parte das mulheres encarar a maternidade como um obstáculo ou castigo. Nós, porém, continuaremos apregoando aquilo que a Bíblia nos ensina: os filhos são um presente de Deus e ser mãe é um dos maiores privilégios que uma mulher pode receber. Obviamente, a profunda dedicação da esposa ao lar demandará que o homem desempenhe seu papel provedor com maior competência, o que não será problema para uma família que caminha em sintonia.

Sem a interação harmônica entre homem e mulher, o que seria da dinâmica conjugal? Ao mesmo tempo em que

Símbolos e significados

o homem desempenha múltiplos papéis insubstituíveis no contexto matrimonial, a contribuição da mulher também segue a mesma lógica. As responsabilidades de ambos, intrinsecamente ligadas e dependentes, constituem os alicerces que fortalecem a sacralidade do matrimônio. Juntos, constroem um legado de amor, compreensão e compromisso que deve resistir ao teste do tempo e testificar à próxima geração sobre o amor de Cristo pela Igreja.

Capítulo 4

A VIDA A
DOIS

Explorar a vida a dois requer uma abordagem bastante atenta a uma diversidade de sentimentos e condutas. Alguns pontos em especial, como a busca por coerência ao gerir finanças e espiritualidade, por exemplo, despontam como obstáculos contínuos no dia a dia familiar. Trata-se de questões sensíveis, que demandam bastante aptidão dos cônjuges para assegurarem o bem-estar do relacionamento. E é em um cenário como esse que o amor — constantemente cultivado e posto à prova — revela-se por meio de pequenos gestos ou palavras de afeto no cotidiano.

Considerando que cada ser humano é único e, portanto, tem seu próprio modo de se portar, conforme a criação que teve e costumes adquiridos, percebemos que a verdadeira unidade não reside na semelhança de comportamentos, mas em uma cosmovisão alinhada. Isto é, as singularidades de ambos devem, sim, ser valorizadas, sem que se abra mão dos princípios que os unem. E isso nos permite entender que encontramos justamente nas questões mais complicadas da convivência a chance de expressarmos o amor descrito em 1Coríntios 13:

O amor é paciente, o amor é bondoso. Não inveja, não se vangloria, não se orgulha. Não maltrata, não procura seus interesses, não se ira facilmente, não guarda rancor. O amor não se alegra com a injustiça, mas se alegra com a verdade. Tudo sofre, tudo crê, tudo espera, tudo suporta. O amor nunca perece; mas as profecias desaparecerão, as línguas cessarão, o conhecimento passará [...]. Assim, permanecem agora estes três: a fé, a esperança e o amor. O maior deles, porém, é o amor (vs. 4-8,13).

As linguagens do amor

A VERDADEIRA UNIDADE NÃO RESIDE NA SEMELHANÇA DE COMPORTA-MENTOS, MAS EM UMA COSMOVISÃO ALINHADA. ISTO É, AS SINGULARIDADES DE AMBOS DEVEM, SIM, SER VALORIZADAS, SEM QUE SE ABRA MÃO DOS PRINCÍPIOS QUE OS UNEM.

Há milênios o amor tem se manifestado como uma força misteriosa na experiência humana. Sua descrição bíblica desvela uma perspectiva atemporal, que nos instiga a refletir sobre como compreendê-lo e expressá-lo em diferentes circunstâncias. Uma teoria particularmente notável foi proposta por Gary Chapman,[1] que apresenta um quadro conceitual sobre maneiras de demonstrar e receber afeição, em sua obra *As cinco linguagens do amor*. Optei por explorar essa tese, sobretudo, pois notei que ela apresenta um impacto significativo e aplicável à aprimoração das conexões humanas diárias.

Observo que o amor entre cônjuges, por vezes, perde-se na tradução. Conforme Chapman propõe, cada pessoa costuma amar e sentir-se amada, predominantemente, por meio de alguma "linguagem". Quando o marido e a mulher

---

1 CHAPMAN, Gary. **As cinco linguagens do amor**. São Paulo: Mundo Cristão, 2013.

A vida a dois

desconhecem as linguagens dominantes um do outro, podem acabar não comunicando muito bem o apreço que têm para com o cônjuge, levando-o a se sentir negligenciado. Em contrapartida, ao se familiarizarem com as diferentes expressões de amor, ganham a capacidade de reconhecer o modo como os demais sentem-se amados e, então, comunicam seu afeto em um "idioma" compreensível a quem recebe.

Mesmo em instantes de silêncio, o amor pode se revelar ao dedicarmos tempo a alguém. Não se trata apenas de estar junto à pessoa, mas de fato dispor da sua presença consciente e atenciosamente. Momentos que parecem simples, como uma conversa sem interrupções ou um passeio, podem significar todo um universo para algumas pessoas.

Nas páginas da Bíblia, deparamo-nos com o exemplo de Maria, que ao ver Jesus, logo se dispôs a sentar-se aos seus pés e ouvir seus ensinamentos. Este gesto foi prontamente reconhecido e valorizado pelo Mestre, e demonstra o valor do tempo de qualidade dedicado a alguém. Já sua irmã, Marta, absorta nos afazeres da casa, perdeu uma ótima oportunidade de conectar-se com o Senhor. A escolha de Maria nos serve como uma lembrança de que, em meio às demandas da vida, vale a pena priorizar tempos de conexão com quem amamos, por mais comuns que sejam esses instantes (cf. Lucas 10.38-42).

Palavras também desempenham um papel imprescindível na articulação do amor. Ao longo dos séculos, diversos poetas, romancistas e outros tipos de escritores ilustraram o poder que elas carregam para expressar sentimentos. De Shakespeare a Pablo Neruda, vemos como palavras são essenciais para narrar e revelar emoções de modo tão preciso quanto sutil. Por intermédio delas, podemos estabelecer uma conexão entre o subjetivo e o objetivo, além de fazer com que o imaterial seja compreendido, sentido e compartilhado.

Famílias indestrutíveis

O poeta britânico Edward Bulwer-Lytton[2] não se enganou ao dizer que "a caneta [com a qual se escreve] é mais poderosa do que a espada", uma vez que as palavras não só trazem à vida o que sentimos, mas também podem agir como lâminas afiadas e ferir quem as ouve.

A esse respeito a poetisa Emily Dickinson[3] uma vez escreveu:

> Uma palavra se esvai
> Quando da boca sai,
> Dizem por aí.
> Mas eu acredito, sim,
> Que é nesse momento enfim,
> Que ela passa a existir.

Quanto aos presentes, a tradição de ofertá-los sempre simbolizou apreço e carinho. Mais do que uma conotação materialista, presentear e ser presenteado revela uma essência sagrada em nós, pois na Palavra do Senhor encontramos retratos vivos de um Deus generoso. Um Pai celestial que, com um coração transbordante de amor, não só anseia por derramar bênçãos sobre seus amados filhos, mas já ofertou o presente supremo: a vida de Jesus, seu Filho Unigênito. Essa manifestação de sua graça não foi a única, seu favor imerecido revela-se a cada sopro de vida, nas pequenas e grandes coisas

---

2   Edward Bulwer-Lytton foi um romancista e político britânico que produziu uma vasta gama de trabalhos em sua carreira literária, abrangendo romance, drama e poesia. Suas obras foram celebradas em seu tempo, porém, sua fama póstuma é muitas vezes ofuscada pela infame frase "Era uma noite escura e tempestuosa". A despeito das críticas modernas sobre seu estilo, sua influência na literatura vitoriana é inegável, contribuindo significativamente para a cultura e política do século XIX.

3   Emily Dickinson foi uma poetisa estadunidense. Nascida em Amherst, Massachusetts, ela passou a maior parte de sua vida reclusa, escrevendo poesia. Durante sua vida, apenas um punhado de seus cerca de 1.800 poemas foi publicado, e muitas vezes de maneira editada e não autorizada. A natureza e o formato singulares de sua poesia, com sua sintaxe incomum e uso peculiar de pontuação, tornaram-se emblemáticos de seu estilo. Seus temas variam, abrangendo desde a morte e a imortalidade até a observação aguda da natureza e da condição humana.

A vida a dois

do nosso cotidiano, e lembra-nos constantemente de que somos amados de maneira incondicional.

Essa essência divina voltada para o ato de presentear revela-se em diversos personagens, como os reis Magos que visitaram Jesus; guiados por uma estrela, "ao entrarem na casa, viram o menino com Maria, sua mãe, e, prostrando-se, o adoraram. Então abriram os seus tesouros e lhe deram presentes [...]" (Mateus 2.11). Da mesma forma que honraram a divindade do Menino Jesus por meio de seus presentes, cada oferta que fazemos torna-se uma celebração silenciosa do amor que dedicamos a alguém.

Assim também nossas ações podem ser traduzidas como demonstrações de apreço. Há um antigo provérbio que nos lembra de uma verdade incontestável: "as ações falam mais alto do que as palavras". E algumas pessoas tendem a encontrar nas atitudes cotidianas uma maneira de expressar carinho ou de se sentirem amadas. Talvez encontrar a pia sem uma louça suja, ver a roupa que gostaria de usar bem limpa e passada, ou simplesmente ser servido à mesa — pequenos atos, por vezes subestimados, podem embelezar a convivência diária. Provérbios 11.24 faz uma alusão eloquente ao poder da generosidade e nos ensina que ela é a precursora de uma vida próspera. Portanto, tais gestos, embora simples, podem enriquecer nossos relacionamentos de maneiras surpreendentes.

Entre as manifestações de amor, temos ainda o toque físico, capaz de promover conexões e sentimentos de modo único. Desde os momentos de amor entre marido e mulher até os primeiros gestos de carinho entre os pais e um filho, o toque é uma força motriz na experiência humana, uma linguagem que transcende as fronteiras verbais e se torna uma ponte que une almas. Existem gestos cujo valor é imensurável: abraços que servem de refúgios em momentos de desespero, beijos que revelam paixão, o entrelaçar de dedos a simbolizar apreço pela companhia do outro e, para os casados, o contato pele a pele que solidifica sua aliança eterna. Em todas estas ações, o toque possui uma importância inestimável no fortalecimento de laços.

Conhecer as diferentes linguagens do amor é ter em mãos uma ferramenta poderosa para facilitar as interações humanas. Podemos usá-la para compreender as expressões afetivas do outro, especialmente daqueles com quem convivemos, e revelar com isso respeito e carinho; também para demonstrar nosso amor de forma clara; e podemos ainda ir além, ampliando nosso repertório de linguagens. Ou seja, uma vez que temos consciência das diversas expressões do amor, cabe-nos fazer como o Mestre: oferecer e receber amor do próximo de todas as maneiras possíveis.

Aprendendo a lidar com as diferenças

É interessante observar como encontramos na História exemplos de relacionamentos que se mostraram fortes apesar das circunstâncias desafiadoras. A narrativa bíblica de Rute é um deles, pois sua união com Boaz triunfou sobre diferenças de nacionalidade, faixa etária e *status* social. Adentrando terras israelitas, Rute, uma viúva moabita, permaneceu ao lado de sua sogra Noemi, mesmo quando esta perdeu seu esposo e filhos, ainda em Moabe. Em Belém, a jovem enfrentou dificuldades financeiras e sociais. Tais circunstâncias levaram-na a coletar espigas nos campos pertencentes a Boaz. Admirado pela sua integridade e dedicação, ele desenvolveu um interesse por Rute e casou-se com ela, e não só mudou a vida da jovem moabita, mas também ofereceu proteção e apoio à Noemi, sua sogra.

> CONHECER AS DIFERENTES LINGUAGENS DO AMOR É TER EM MÃOS UMA FERRAMENTA PODEROSA PARA FACILITAR AS INTERAÇÕES HUMANAS.

A vida a dois

Inspirados por histórias como essa, percebemos que o matrimônio simboliza a junção de duas existências que carregam diferenças. Cada pessoa traz para a relação lembranças da infância, legados familiares que moldam sua identidade, as convicções que obteve ao longo da trajetória, etc. Os traumas e as alegrias do passado, com frequência escondidos nas sombras do inconsciente, podem emergir de formas inesperadas. Tais peculiaridades, às vezes, podem chocar-se e causar atritos, mas também carregam o potencial de enriquecer a convivência dos consortes, desde que sejam devidamente compreendidas e administradas.

Não é sábio escolher alguém que seja seu completo oposto. Por outro lado, buscar semelhanças excessivas pode revelar um certo narcisismo, ou seja, a auto obsessão e dificuldade em valorizar as características únicas das outras pessoas. Existe uma premissa de que um relacionamento só será bem-sucedido se os parceiros atenderem a uma lista predefinida de atributos e interesses comuns. Contudo, gostaria de propor uma visão contraintuitiva: é bom haver diferenças, pois lidar com elas diariamente ajuda-nos a obter um caráter tratado e aprovado. Seja em maior ou menor grau, elas sempre existem nas relações e, em vez de serem empecilhos, deveriam ser percebidas como oportunidades para crescimento pessoal e complementação entre ambos.

Em momentos de orgulho e soberba, frequentemente nos obstinamos, recusando-nos a aceitar o outro em sua autenticidade. Todavia, quando o acolhemos, tornamo-nos capazes de desvendar novas profundezas e deleitar-nos em inusitadas alegrias. Casar-se denota união com alguém distinto de si próprio e, consequentemente, comprometimento para abraçar as diferenças e transformá-las em uma fonte de força para a relação. O respeito à singularidade do outro, a integridade nas ações e a preservação de um espaço em que ambos os cônjuges se sentem vistos, ouvidos e valorizados são indispensáveis.

Valores inegociáveis

Cada ser humano vive dia após dia conforme os princípios que o regem e ao iniciar uma relação, deve buscar alinhamento entre seus valores e os de seu parceiro; afinal, eles delineiam os limites do que é proibido, permitido ou obrigatório. Em oposição à subjetividade de opiniões e meros devaneios, é crucial que tais valores sejam baseados em concepções objetivas, discerníveis a qualquer pessoa imbuída de consciência ética, ou seja, ambos necessitam buscar a verdade. Assim sendo, cada casal precisa dialogar, de maneira gradual, construtiva e empática, sobre as diretrizes a serem adotadas no lar, além de considerar cuidadosamente a maneira como elas serão aplicadas.

CASAR-SE DENOTA UNIÃO COM ALGUÉM DISTINTO DE SI PRÓPRIO E, CONSEQUENTEMENTE, COMPROMETIMENTO PARA ABRAÇAR AS DIFERENÇAS E TRANSFORMÁ-LAS EM UMA FONTE DE FORÇA PARA A RELAÇÃO.

Para inúmeros casais, a Palavra do Senhor é a base da vida familiar, sobre a qual reafirmam compromissos, renovam suas esperanças e fortalecem o laço de amor. Tenho plena convicção de que desconsiderar ou minimizar o que dizem as Escrituras nos priva de estabilidade e segurança. Em contrapartida, conectar-se com Deus por meio da leitura bíblica promove uma compreensão mais aprofundada de nosso papel existencial segundo os desígnios divinos. Tais momentos conduzem-nos a uma introspecção que nos ajuda a identificar nossas imperfeições, e a corrigir atitudes e pensamentos. Essa conexão pessoal com a Bíblia sagrada, no entanto, pode ser ainda mais significativa quando vivenciada em comunhão com outros que compartilham da mesma fé.

A vida devocional comunitária frequentemente suscita questionamentos, e eles se tornaram tão recorrentes ao longo dos anos, que procurei estudá-los mais a fundo. Foi quando me

A vida a dois

deparei com interessantes visões a esse respeito. Paul Tillich,[4] por exemplo, articulou que o "ato de fé" não se configura como uma experiência solitária ou isolada, antes, trata-se de uma expressão que nos vincula a algo maior que nossa individualidade. Isto é, ao expressarmos nossa fé, estamos na verdade conectando-nos a uma comunidade que partilha crenças e valores semelhantes. Assim sendo, a fé também se revela como um convite para que nos tornemos parte de uma sociedade e de uma tradição.

Muitos vêm até mim com indagações como: "Seria problemático um cristão se casar com alguém de outra religião?" ou "É apropriado que, enquanto congrego na igreja X, minha esposa participe da igreja Y?". Durante o namoro, tais divergências talvez aparentem ser mais administráveis, mas à medida que o relacionamento evolui, em especial durante o noivado e, subsequentemente, no matrimônio, essa dualidade tende a atrapalhar a relação.

Participar de uma igreja local, na qual práticas religiosas são cultivadas com regularidade, mostra-se imprescindível para a integridade da vida familiar e a edificação de um legado espiritual; até porque é ali que a família receberá o suporte necessário, sobretudo em momentos desafiadores. Portanto, um casal unido por laços matrimoniais que busca espiritualidade em direções divergentes é uma ideia impensável. A fé deve ser uma caminhada compartilhada, permeada de propósito comum. Mas embora esse ponto seja importante para a coesão matrimonial, observamos que não é o único pilar que sustenta a estrutura de uma união saudável.

---

4   Paul Tillich foi um teólogo e filósofo proeminente, nascido na Alemanha e mais tarde radicado nos Estados Unidos, conhecido por suas profundas reflexões sobre a natureza da existência humana, fé e a dinâmica entre cultura e religião. Tillich foi um pensador influente, especialmente no desenvolvimento da teologia sistemática, e é reconhecido por integrar suas reflexões teológicas com as dimensões mais amplas da cultura e da filosofia.

Famílias indestrutíveis

Outro aspecto importante na vida conjugal é a maneira como lidamos com divergências de opiniões. Na vida a dois, discordâncias são inevitáveis, contudo, discordar e brigar são atitudes distintas. Enquanto a primeira representa uma expressão natural das diferenças humanas, que pode se manifestar de forma saudável nas relações, a segunda insinua uma esfera de confronto e antagonismo, na qual se pressupõe a existência de oponentes. Diante dessa distinção, é necessário compreender que os cônjuges jamais devem se posicionar como adversários, mas sim como parceiros comprometidos a crescerem juntos.

HONRAR ALGUÉM NÃO SE LIMITA À OFERTA DE ELOGIOS, MAS ENVOLVE UMA APRECIAÇÃO PROFUNDA, A SE EXPRESSAR TANTO EM AÇÕES QUANTO EM NOSSA MENTALIDADE.

Em um mundo permeado por relações superficiais, egoísmo e degradação, a virtude da honra ganha notoriedade e mostra-se extremamente necessária, sobretudo ao lidarmos com desacordos. Honrar alguém não se limita à oferta de elogios, mas envolve uma apreciação profunda, a se expressar tanto em ações quanto em nossa mentalidade. Em outras palavras, faz-se essencial pensar no outro de modo honroso, reconhecendo o valor e singularidade que este ser agrega aos lugares onde se encontra.

Todo desentendimento deve ser abordado e resolvido discreta e amorosamente, tendo em vista que abster-se de expor o cônjuge, sobretudo às crianças, preserva o ambiente familiar. Paralelamente, defender o parceiro constitui um dever, enquanto permitir sua difamação ou depreciação em nossa presença é inadmissível. Uma relação forte e saudável se constrói sobre a manutenção da privacidade, do respeito e da proteção recíproca, além de uma consciência clara sobre os limites da abertura que se propõe a terceiros.

Por exemplo, não há lugar para intimidade ou aproximação desmedida com pessoas do sexo oposto após o matrimônio,

A vida a dois

tampouco para amizades pré-existentes; a essência dessas interações deve ser meticulosamente ponderada. No cenário profissional ou em qualquer outro contexto comunitário, é normal haver relações cordiais entre homens e mulheres, todavia, elas devem ser pautadas pelo respeito e guardar uma distância apropriada, a fim de se evitar qualquer tipo de ambiguidade. Com essa simples atitude, você assegurará conforto ao cônjuge e proteção ao relacionamento matrimonial.

Embora associada a elementos externos, a privacidade no casamento também abrange uma notável dimensão interna — entre as duas partes. Nesse cenário, surgem algumas interrogações: quais são os fatores cruciais para um relacionamento pautado em confiança e transparência? Como os ideais de franqueza e a preservação de certos aspectos da vida pessoal encontram equilíbrio? Entendo que casamento compreende compartilhar a vida com o outro — incluindo sonhos, desafios e segredos —, isso demanda refletir sobre questões que impactam o cotidiano, como a partilha de senhas de dispositivos eletrônicos ou acesso a informações financeiras, por exemplo. Deriva-se daí, então, uma premissa substancial: sabendo que marido e mulher se tornaram um, dimensão alguma de sua vida deveria ser ocultada de seu cônjuge.

> **UMA RELAÇÃO FORTE E SAUDÁVEL SE CONSTRÓI SOBRE A MANUTENÇÃO DA PRIVACIDADE, DO RESPEITO E DA PROTEÇÃO RECÍPROCA.**

Certamente existem exceções, em circunstâncias específicas, como profissões que abarcam o conhecimento de informações confidenciais relativas à segurança nacional; é evidente que em casos assim o sigilo torna-se indispensável, até mesmo considerando a proteção do cônjuge. Contudo, temos de reconhecer que a transparência e a franqueza são valores fundamentais; se o marido e a esposa desejam se relacionar de maneira saudável, devem evitar segredos desnecessários.

Famílias indestrutíveis

Separar um tempo especial apenas para dedicarem-se um ao outro é, também, um pilar fundamental na construção de uma intimidade sadia. Especialmente em tempos contemporâneos, marcados por agendas lotadas de compromissos profissionais e demandas domésticas, além de diversos outros fatores que consomem nosso tempo, reservar um dia na semana para o casal é uma atitude necessária e prudente. Essa é uma ocasião cujo foco está na conexão romântica e íntima, e mantê--lo expressa o zelo de ambos para com a relação, ainda que pareça banal. Por outro lado, negligenciá-lo pode desencadear desgaste, distanciamento, e, em casos extremos, até separação total. Tenha certeza de que garantir momentos de conexão não é um luxo, e sim uma necessidade para um casamento saudável e duradouro.

Outro ponto fundamental para a construção de uma vida conjunta é o alinhamento de sonhos e metas, desde a realização de uma viagem desejada à compra de uma casa, por exemplo; esse tipo de definição funciona como um norte na caminhada a dois. Mesmo no início da relação, como a fase do namoro, é útil começar a vislumbrar um futuro em comum. Se considerarmos um casal que conta com rendimentos medianos e está se preparando para o casamento, seria prudente que traçassem objetivos claros em termos de ganhos financeiros. Desse modo, ambos evitariam gastos desnecessários, focando no alvo estabelecido, e poderiam motivar-se mutuamente.

Há diversos fatores a serem alinhados para que o convívio em família flua com leveza e força ao mesmo tempo; trata--se de um processo contínuo, repleto de diálogos, paciência e perseverança. Porém, por mais trabalhoso que seja, certamente valerá a pena construir um lar na Rocha, blindado contra todo vento contrário. E há algo fascinante que acontece ao longo de tal construção: análogo a um músico que, após incontáveis práticas, executa uma peça sem a necessidade de pensar em cada nota, um casal que se dedica a consolidar seus

A vida a dois

valores compartilhados, eventualmente percebe que esses princípios se transmutam em elementos cada vez mais intuitivos na relação. Isso com certeza não os dispensa de manterem a comunicação alinhada a respeito das questões inegociáveis a ambos, porém provê grande ajuda.

Por fim, há um conceito que também demanda compreensão e empenho mútuo: a unidade. Tanto o marido quanto a esposa devem perceber que sua relação transcende a coexistência e divisão de tarefas diárias; trata-se da busca constante por uma harmonia que permeia cada aspecto da vida a dois, desde a elaboração de objetivos a longo prazo até pequenas ações cotidianas. Os cônjuges deixam para trás uma perspectiva unipessoal e tudo passa a ser percebido por uma dimensão plural, em que "seus problemas" ou "meus sonhos" transformam-se em "nossos". Lembrem-se sempre de que ao se unirem em matrimônio tornam-se uma só carne.

Administração financeira

Considerar a unicidade também é essencial quando tratamos da administração de dinheiro do lar, um tópico frequentemente subestimado na vida a dois, mas que deve ser alinhado com bastante zelo. Por mais que questões ligadas à intimidade sexual, como traição, autoerotismo e falta de libido, ocupem o topo da lista de problemas conjugais, o tema monetário aparece logo em seguida. O interessante é que, muitas vezes, não é a escassez de recursos que provoca conflitos, e, sim, a maneira como o dinheiro é gerenciado.

Existem duas situações bem claras: casais que enfrentam grandes dívidas ou falências, e os que contam com um saldo positivo, porém divergem acerca do que fazer com o dinheiro. No primeiro caso, as circunstâncias pressionam o homem e a mulher, que lidam com a sobrecarga emocional de não saberem como equilibrar as contas ou a constante correria em

Famílias indestrutíveis

busca de soluções. Quanto aos casais que contam com recursos suficientes, noto que costumam discutir em função de suas opiniões discordantes; às vezes, um deseja despender uma quantia em uma viagem ao exterior, enquanto o outro prefere adquirir um carro mais confortável, por exemplo. Não é a falta de dinheiro, mas a falta de unidade na gestão financeira que tende a causar tensões significativas e até mesmo levar o casal a um sério distanciamento.

Observar casais ao longo dos anos me revelou a importância de "ser uma só carne" nas finanças também. Há beleza e harmonia em ter um único bolso. Sei que essa concepção talvez pareça incabível para alguns, contudo optar pela separação monetária é que pode semear certa desconfiança. Afinal, por que manter os recursos isolados, senão para aproveitar a liberdade de gastar sem o conhecimento ou aprovação do outro?

Defendo a ideia da união financeira completa. Isso não significa que ambos não possam ter autonomia alguma nem desenvolver projetos individuais, mas que as grandes decisões sejam tomadas em conjunto, a fim de evitar surpresas e até conceder ao outro a oportunidade de apoiá-lo. Por exemplo, se houver a chance de auxiliarem um parente em necessidade, o casal irá ponderar sobre a questão e chegar a um consenso, conforme a realidade financeira de ambos no momento, bem como a disposição de exercerem generosidade.

Manter o equilíbrio financeiro é essencial e, nesse sentido, devemos entender a dualidade existente entre amar e desprezar o dinheiro, dois extremos bastante prejudiciais. De acordo com a Palavra, "o amor ao dinheiro é a raiz de todos os males" (cf. 1 Timóteo 6.10), sendo que cobiçá-lo leva alguns até mesmo a se desviarem da fé. No casamento, há outros reflexos: pode ser que o marido ou a esposa tenha atitudes mesquinhas e negligencie gastos necessários ao bem-estar da própria família; ou que deixe de priorizar seus filhos e o cônjuge, em busca de mais e mais dinheiro. Há casos em que o marido hesita em permitir

A vida a dois

que sua esposa vá ao salão, a mulher gasta apenas consigo mesma, o cônjuge esconde ganhos ou heranças, e diversos outros comportamentos nocivos que desgastam a união.

Agora, repare que o problema não é o dinheiro, e, sim, o amor ao dinheiro. Podemos imaginá-lo como um soldado, que está a serviço de um comandante e deve seguir suas ordens; se a ordem for sábia, fará um bom trabalho, caso contrário, causará destruição. Sendo assim, recursos financeiros não devem ser desprezados, mas administrados com equilíbrio. Por falta de precaução, muitos casais acabam se encontrando em situações difíceis quando surgem imprevistos, ou então quando acumulam dívidas, que se tornam fontes de estresse e complicam seriamente o rumo da relação. Portanto, é fundamental tratar as finanças com a devida importância, pois embora o dinheiro não compre felicidade, a gestão adequada dos recursos pode evitar grandes tensões e assim trazer mais leveza ao dia a dia.

É FUNDAMENTAL TRATAR AS FINANÇAS COM A DEVIDA IMPORTÂNCIA, POIS EMBORA O DINHEIRO NÃO COMPRE FELICIDADE, A GESTÃO ADEQUADA DOS RECURSOS PODE EVITAR GRANDES TENSÕES E ASSIM TRAZER MAIS LEVEZA AO DIA A DIA.

Dada essa premissa, recomendo fortemente que procurem estratégias inteligentes de gestão monetária. O primeiro passo nesse sentido seria investir em conhecimento a respeito de economia, como mecanismos de inflação e depreciação patrimonial, para fazer escolhas conscientes e sábias. Para muitos casais, a ideia de investir pode parecer inviável, ainda mais quando os recursos são limitados; porém mesmo um modesto aporte mensal, quando feito regularmente, pode gerar um valor significativo no decorrer do tempo, graças aos juros compostos. Assim, considerando uma vida a dois que perdura por décadas, em que ambos fazem reservas ou investimentos para recolher na

Famílias indestrutíveis

velhice, certamente encontrarão uma base sólida e confortável para o futuro.

De todo modo, a escolha por determinada gestão financeira deve ser consensual e transparente, revelando espaço relacional no qual a colaboração prevalece. Logo, cultivar uma "unidade fiscal" é ao mesmo tempo uma estratégia para uma vida econômica próspera, e também um pilar robusto para um casamento que prospera nas adversidades e bonanças que a caminhada a dois apresenta.

A jornada matrimonial demanda um equilíbrio constante entre a celebração da individualidade — própria e do outro —, e a dedicação inabalável à união. O amor, em tal contexto, é concebido como uma ação intencional, que se desvela por meio do respeito recíproco, apreciação pelas singularidades e prontidão para encarar, lado a lado, os desafios inevitáveis que se apresentam ao longo do tempo. Uma relação resiliente e enriquecedora é construída não somente em momentos de alegria, mas também em meio aos obstáculos, períodos nos quais a autenticidade do compromisso, da aliança, é desvendada e fortalecida.

Capítulo 5

FORTALECENDO O VÍNCULO CONJUGAL

Desde os primeiros momentos de nossa existência, somos intuitivamente conduzidos a criar vínculos, essenciais à vida e ao nosso amadurecimento. A aspiração de pertencer e conectar-se com outros é um alicerce da experiência humana, uma vez que somos seres sociais por natureza, moldados pela vontade do Senhor para viver em comunidade. Todavia, acima de todas as interações humanas, deve prevalecer o nosso relacionamento com Deus, o fundamento sobre o qual todo o nosso ser é edificado.

Mais do que uma mera escolha, desenvolver uma relação com o Senhor é uma necessidade que carregamos na alma. Sem ele, assumimos um caráter vulnerável e vazio, ao passo que, quando buscamos intimidade com o Pai celeste, experimentamos um amor incondicional, profundo e constante. É a partir disso que somos capacitados a amar os outros de modo autêntico; em outras palavras, nosso relacionamento com o Altíssimo ilumina e fortalece os demais laços, entre os quais a primazia é dada ao casamento. Esse é o núcleo ao redor do qual os diversos tipos de relações humanas orbitam.

Através da perspectiva de José Ortega y Gasset, mencionada anteriormente, compreendemos que o amor atua como uma força gravitacional, a unir dois seres humanos não somente por atração física, mas também por vínculos emocionais e espirituais. Alterar ou desarranjar tal força pode resultar na "desordem dos amores", isto é, quando há inversão ou desequilíbrio nas prioridades afetivas. Nas sutilezas da hierarquia do amor, o cônjuge deve ser considerado como o laço humano mais sagrado, seguido dos filhos, pais e amigos, cada qual com sua relevância e valor. Respeitar esta configuração concede a cada relacionamento a devida estima.

NOSSO RELACIONAMENTO COM O ALTÍSSIMO ILUMINA E FORTALECE OS DEMAIS LAÇOS, ENTRE OS QUAIS A PRIMAZIA É DADA AO CASAMENTO.

Tal hierarquia pode ser observada simbolicamente por intermédio de uma cruz celta, que reflete a interconexão dos principais relacionamentos da nossa vida. Essa simbologia foi inspirada por um conceito que ouvi em uma aula do Ítalo Marsili,[1] tempos atrás, e a considero bastante pertinente e didática para tratar o tema em questão. A cruz celta assemelha-se a uma cruz tradicional, porém conta com linhas perpendiculares, e, no ponto em que essas duas linhas se encontram (a intersecção), há um círculo que as contorna. No centro, posiciona-se o matrimônio, núcleo gravitacional de nossas relações, e, ao seu redor, delineiam-se os demais eixos que compõem nossa vida.

Na extremidade inferior temos o "eixo pessoal", que simboliza nossa autoestima, autoconhecimento e autocuidado. Identificamos o "eixo eclesiástico" na ponta superior, que faz alusão

---

1   Ítalo Marsili é um médico e escritor brasileiro, nascido no Rio de Janeiro em 26 de junho de 1985 e conhecido por seu trabalho focado no desenvolvimento pessoal e questões relacionadas à saúde mental. Ele se formou em Medicina pela Universidade Federal do Rio de Janeiro e completou residência médica no Instituto de Psiquiatria. Marsili é autor de obras como *Os 4 temperamentos na educação dos filhos* e *Terapia de Guerrilha*, e defende abordagens que enfatizam a autogestão emocional e a superação de traumas sem o uso excessivo de medicamentos.

Fortalecendo o vínculo conjugal

aos nossos vínculos congregacionais. À direita está o "eixo laboral", o qual diz respeito à nossa trajetória profissional com suas respectivas conexões. E à esquerda se encontra o "eixo dos afetos", figurado por nossos laços mais íntimos: familiares, amigos e todos que possuem uma relação especial conosco.

Se qualquer destes eixos ofuscar a primazia do laço conjugal, a consequência será um desequilíbrio que, se não tratado a tempo, pode culminar em uma forte crise. Dentro da metáfora da cruz celta, cada eixo denota um elemento importante da vida humana e, como pontos cardeais, nunca devem sobrepujar o ponto central que é o compromisso entre marido e mulher.

O eixo pessoal

O eixo inferior traz à tona a complexa dimensão do "eu". E dentro do vasto universo que compõe a identidade de alguém, existem aspectos ligados à sua individualidade, cujo valor não se deve negligenciar. *Hobbies* e momentos de lazer, como a leitura de um livro à sombra de uma árvore, uma caminhada ao entardecer ou uma conversa descompromissada com amigos são bons exemplos disso. Essas práticas nos ajudam a relaxar e a desconectar das obrigações rotineiras. O entretenimento, em suas diversas formas, ocupa um espaço especial nesta dimensão, pois nos oferece a oportunidade de vivenciar mundos diferentes e, muitas vezes, refletir sobre questões pessoais através das lentes da ficção.

Porém, no casamento, as expressões de autocuidado e afazeres pessoais, sejam quais forem, devem contribuir para o bem-estar do vínculo conjugal; caso contrário, desestabilizamos a cruz. Isso não significa que devemos menosprezar interesses pessoais, mas, sim, encontrar um equilíbrio que permita cultivar tanto a individualidade quanto a relação amorosa. O desalinho manifesta-se quando certas atividades consomem nossa atenção de maneira desmedida — como quando o futebol com amigos prevalece sobre momentos com a esposa. Se considerarmos o cuidado com a aparência, por exemplo, é pertinente afirmarmos que isso não deve ser usado como instrumento de validação social ou auto divulgação. Em vez disso, é um ato que revigora a autoestima e, por extensão, fortalece a intimidade com o cônjuge. Em vista disso, o eixo pessoal demanda ajustes frequentes a fim de que se torne uma oferta amorosa ao outro, evitando vaidade e egocentrismo.

Certa vez, um casal veio até mim em busca de orientação, pois a mulher nutria um apreço desmedido pela academia. Apesar de exercícios físicos trazerem benefícios inegáveis à saúde, nesse caso, tinham se convertido em um escape para ela, pois além de aspirações estéticas, ansiava por validação naquele espaço. Sua dedicação a esse hábito atingiu tanta intensidade que, mesmo em momentos significativos na história do casal, a esposa preferia desmarcar encontros com o marido a comprometer sua rotina de treinos.

Cada vertente da vida — pessoal, laboral, afetiva ou comunitária-espiritual — necessita estar em sintonia com o matrimônio. Isso não exige o abandono da individualidade, mas a compreensão de que todas as esferas, quando equilibradas, enriquecem a relação entre marido e mulher. Assim, somos levados também a refletir sobre a dimensão eclesiástica, que envolve a interação com a comunidade de fé à qual pertencemos.

O eixo eclesiástico

Presumo que, tal como eu, todo cristão faça parte de uma igreja, participando da vida comunitária e servindo em algum ministério. A Bíblia é clara quanto à relevância da congregação: "E consideremos uns aos outros para nos incentivarmos ao amor e às boas obras. Não deixemos de reunir-nos como igreja [...]" (Hebreus 10.24,25). Afinal,

Fortalecendo o vínculo conjugal

a casa do Senhor é um farol de esperança, um refúgio para corações que procuram consolo e um santuário de cura. Sob seu teto afável, somos tratados, ensinados a servir e a conviver com os outros — um processo que refina nosso espírito e caráter. Congregar fortalece o espírito e estreita laços com aqueles que compartilham da nossa fé. Porém, a mesma observação que fiz quanto ao eixo pessoal se faz necessária neste contexto: por mais que prezemos por momentos comunitários, sua relevância não deve sobrepujar a do relacionamento matrimonial.

A prioridade da vocação familiar sobre a eclesiástica é uma premissa teológica enfatizada pelo apóstolo Paulo em suas instruções a Timóteo sobre a escolha de bispos para as igrejas locais:

> É necessário, pois, que o bispo seja irrepreensível, marido de uma só mulher, moderado, sensato, respeitável, hospitaleiro e apto para ensinar [...] Ele deve governar bem sua própria família, tendo os filhos sujeitos a ele, com toda a dignidade. Pois, se alguém não sabe governar sua própria família, como poderá cuidar da igreja de Deus? (1Timóteo 3.2-5).

Paulo defendia que a competência em administrar a própria família era essencial para se assumir papéis de liderança na Igreja do Senhor. Isto é, o casamento e a criação dos seus filhos tinham prioridade em relação aos afazeres comunitários. Aliás, não é porque esta visão paulina foi direcionada a um líder, que ela não se aplica a

> **CADA VERTENTE DA VIDA – PESSOAL, LABORAL, AFETIVA OU COMUNITÁRIA-ESPIRITUAL – NECESSITA ESTAR EM SINTONIA COM O MATRIMÔNIO. ISSO NÃO EXIGE O ABANDONO DA INDIVIDUALIDADE, MAS A COMPREENSÃO DE QUE TODAS AS ESFERAS, QUANDO EQUILIBRADAS, ENRIQUECEM A RELAÇÃO ENTRE MARIDO E MULHER.**

Famílias indestrutíveis

todos os membros da comunidade cristã. O bispo precisa ter uma conduta irrepreensível, ser marido de uma só mulher, sóbrio, sensato, respeitável, etc., porque, devido à sua posição de grande visibilidade, ele serve de modelo para os fiéis. Da mesma forma, é esperado que a comunidade cristã demonstre as mesmas qualidades em sua interação com o mundo externo, para que possa ser percebida como imagem de Cristo.

Tempos atrás, atendi um casal intensamente envolvido em uma comunidade local. Ambos demonstravam grande fervor religioso, mas ao mesmo tempo enfrentavam sérios problemas conjugais, a ponto de se encontrarem à beira do divórcio. A esposa expressava frustração pela falta de empenho do marido, principalmente no que dizia respeito à intimidade sexual, e atribuía isso à sobrecarga de suas atividades eclesiásticas. Constantes escalas e reuniões de oração, muitas vezes ao longo da madrugada, levaram-no a descuidar dos deveres amorosos e domiciliares. Durante os atendimentos, ficou claro que o marido começou a usar suas funções na igreja como desculpa para adiar a resolução de problemas conjugais, o que me levou a concluir que além dos desajustes na vida íntima havia uma grande lacuna na comunicação e unidade entre os dois. Graças ao bom Deus, houve restauração, porém o caso serve como um alerta a nós.

Comprometer a relação com o cônjuge por conta do serviço à comunidade espiritual desafia os preceitos bíblicos que enfatizam a santidade da aliança entre marido e mulher. A devoção à vida eclesiástica não justifica a negligência das responsabilidades familiares ou da proximidade com o parceiro. Na realidade, a harmonia entre os eixos demanda que ministério e matrimônio coexistam, uma vez que a devoção à vida eclesiástica também é algo louvável e agrada ao Senhor; cabe-nos apenas ter o cuidado de considerar adequadamente o lugar de cada um em nossas vidas. Ressalto que, tratando deste eixo, refiro-me

Fortalecendo o vínculo conjugal

ao serviço ministerial, que inclui a ligação com irmãos e irmãs na fé, não ao nosso relacionamento pessoal com Deus, o qual deve sempre ser a nossa maior prioridade.

O eixo laboral

Nossa vida profissional também tem sua importância, pois além de ser o meio pelo qual o Pai provê o nosso sustento, na maioria das vezes, é também um modo de cumprirmos o propósito que ele designou para nós aqui na Terra. Fora isso, o trabalho contribui significativamente para nosso crescimento pessoal. A própria Bíblia nos ensina em Provérbios 14.23 que "em todo trabalho há proveito", ou seja, há valor no esforço e na diligência que despendemos ao laborar. Em Colossenses 3.23, somos instruídos a "trabalhar de coração, como para o Senhor e não para homens", pois o que quer que façamos pode ser realizado como uma forma de adoração e serviço a Deus.

Independentemente da função exercida, é comum lidarmos com circunstâncias que demandam análise criteriosa, planejamento estratégico e a implementação precisa de nosso talento. A cada dia, nossa *expertise* técnica e dedicação são requeridas, e assim obtemos a chance de aperfeiçoar habilidades, bem como enriquecer nosso repertório profissional. Além disso, acabamos por compartilhar momentos com colegas: o dia a dia na empresa, encontros descontraídos pós-expediente, ou até fins de semana voltados para treinamentos e ampliação da nossa rede de contatos. Tudo isso é fundamental para fortalecer laços profissionais e obter um nível mais elevado de capacitação. Contudo, ao permitirmos que obrigações ou aspirações desta natureza suplantem o tempo destinado ao cônjuge, geramos um desequilíbrio, deslocando a cruz de seu eixo primordial.

Nos dias atuais, demandas contínuas podem estender nossas horas no trabalho, restringindo os momentos compartilhados com a família em casa. Infelizmente, não é raro casais

Famílias indestrutíveis

imergirem-se em compromissos profissionais a ponto de negligenciarem o amor que os uniu. O perfil do *"workaholic"*[2] torna-se cada vez mais comum. Valorizo o empenho profissional, pois sustentar a família e vislumbrar um futuro bom são aspirações louváveis e basilares. Contudo, cabe-nos ponderar a medida dessa entrega, a fim de que jamais comprometa o laço conjugal.

Ainda que celebremos significativos triunfos no trabalho, não devemos permitir que eles abalem a solidez e centralidade do nosso matrimônio. Uma administração prudente deste eixo assegura que progressos na carreira não diminuam o vigor e a alegria presentes na relação a dois. Assim, a cruz simbólica permanece estável e harmoniosa, resistindo às intensas pressões das demandas ocupacionais.

Lembro-me de um episódio em que um casal enfrentava grandes obstáculos no convívio. Analisando a dinâmica entre eles, detectei um problema: ambos se dedicavam excessivamente à carreira e às atividades pessoais, em uma busca exacerbada por desenvolvimento profissional e riqueza. Consequentemente, a proximidade afetiva se esvaiu; ocasiões românticas, tais como jantares a dois e singelas expressões de carinho foram relegadas ao esquecimento.

Paixão e carinho mantêm a intimidade entre os consortes acesa. É lamentável constatar que vivemos em tempos nos quais muitos negligenciam o laço afetivo com o cônjuge, deixando-o em segundo, terceiro ou em último plano. Portanto, devemos ter sempre em mente que se não priorizamos nossa relação, não há como esperar que ela floresça; se deixamos que responsabilidades e ocupações obscureçam o brilho que

---

2   Termo derivado da combinação das palavras inglesas *"work"* (trabalho) e *"alcoholic"* (alcoólatra), refere-se a uma pessoa que tem uma compulsão ou um desejo incontrolável de trabalhar além do que é exigido ou esperado, por vezes até em detrimento de suas relações e saúde.

Fortalecendo o vínculo conjugal

nos conecta, podemos efetivamente comprometer o futuro do nosso matrimônio.

O eixo afetivo

Dentro do vasto universo dos relacionamentos, o âmbito afetivo se apresenta, possivelmente, como o mais complexo, pois abrange amizades e vínculos familiares, ambos fundamentais na construção da nossa identidade. Essas relações nos proporcionam conforto, alegria e suporte em várias circunstâncias. No entanto, após o matrimônio, sofrem uma reconfiguração à medida que criamos um núcleo familiar novo e buscamos equilibrar as relações preexistentes com as responsabilidades da vida conjugal.

Na dinâmica com a família de origem, percebemos nuances mais complexas, em especial quando se trata de recém-casados iniciando a vida conjunta. Nesse contexto, existe a delicada tarefa de equilibrar expectativas pessoais com influências externas — como a dos pais — no desenvolvimento de um lar harmonioso. A constituição de uma nova família a partir da união de duas pessoas implica em ajustes cuidadosos nas relações mais antigas; é crucial um diálogo franco sobre limites, sem desrespeito ao mandamento que nos orienta a honrar pai e mãe (cf. Êxodo 20.12).

Ao mesmo tempo em que devemos honrá-los por toda a nossa existência, recebemos o direcionamento de deixar pai e mãe ao nos unirmos em matrimônio. Esse comando, abordado em Gênesis 2.24 e mencionado pelo apóstolo Paulo em Efésios 5.31, não implica em romper a conexão com os pais, e sim colocá-los em uma nova posição, na qual deixam de ser o relacionamento humano prioritário da nossa vida. Sendo assim, há a necessidade de se "cortar o cordão umbilical" e assumir total responsabilidade sobre o novo lar. Tal processo estimula uma metamorfose nas relações familiares, e permite ao casal criar sua própria unidade, com autonomia financeira, emocional e social, com suas prioridades específicas, bem como seus obstáculos e alegrias.

Pense no conceito do "filhinho da mamãe", por exemplo, um adulto que preserva laços exagerados com a figura materna, mesmo após constituir sua própria família. A imagem chega a ser quase caricata: imagine um homem que vai até a casa da mãe para tomar café da manhã e lhe pede um ovo com gema mole e leite com achocolatado "quentinho". Esse comportamento infantilizado do homem, que permite ou incentiva essa intervenção, é impróprio e tira o protagonismo da esposa e relega a ela uma posição coadjuvante. E embora a mãe mereça respeito, sua intervenção direta nas dinâmicas conjugais não se mostra adequada. Aliás, se além de continuar cuidando da alimentação do filho já casado, ainda palpitar sobre questões que não lhe dizem respeito, pode complicar ainda mais a situação, pois sua tendência natural será a de proteger o filho, em vez de apresentar uma visão imparcial do cenário.

> **A CONSTITUIÇÃO DE UMA NOVA FAMÍLIA A PARTIR DA UNIÃO DE DUAS PESSOAS IMPLICA EM AJUSTES CUIDADOSOS NAS RELAÇÕES MAIS ANTIGAS; É CRUCIAL UM DIÁLOGO FRANCO SOBRE LIMITES, SEM DESRESPEITO AO MANDAMENTO QUE NOS ORIENTA A HONRAR PAI E MÃE.**

Claro que levar em consideração a opinião dos pais é algo bom, pois em Provérbios 1.8, a própria Palavra nos aconselha: "Ouça, meu filho, a instrução de seu pai e não despreze o ensino de sua mãe". Porém, ao mesmo tempo que a sabedoria parental é inestimável, deve ser circunscrita à esfera do conselho, de modo que o envolvimento deles permaneça consultivo, enquanto os cônjuges são incumbidos de tomar suas próprias decisões. Nossos pais, por mais sábios e maduros que possam ser, não estão imunes a erros e imprudências. Então, diante de possíveis intervenções inadequadas ou

Fortalecendo o vínculo conjugal

palavras impulsivas por parte de um pai ou mãe, compete ao filho, com ternura e firmeza, restaurar o ambiente de dignidade no âmbito matrimonial. Essa postura não indica rebeldia ou falta de respeito, mas sim fidelidade ao cônjuge, em honra aos votos feitos no altar.

Recordo-me de uma ocasião em que atendi um casal e a esposa expressou suas insatisfações com relação ao marido; ele passava tempo demais na casa da mãe, expunha cada detalhe de suas discussões conjugais e demonstrava uma afeição exacerbada por ela. Constatei que ele tinha uma figura materna superprotetora e possessiva, que persistia em mimar seu filho único, mesmo que este fosse um homem adulto e casado. Ele reconheceu em si traços narcisistas, que o levavam a desfrutar da bajulação que recebia, e relatou a intensa crise de "ninho vazio" que sua mãe teve após seu casamento. A esposa, então, percebeu que estava casada com um homem imaturo, acostumado a ser tratado como uma criança. Felizmente, o marido admitiu o problema e decidiu passar pelo processo de desenvolvimento pessoal em prol do casamento.

De maneira análoga à relação com os pais, o contato com o sogro e a sogra também dispõe de peculiaridades, e assumir o papel de genro ou nora demanda um trato pautado na discrição e no respeito às interações com eles. Fora isso, preservar certo distanciamento, seja físico ou emocional, pode ser bastante positivo para consolidar este laço de maneira gradual, a fim de evitar conflitos ou constrangimentos que a precipitação ocasionaria. Devemos ser prudentes e nos colocar em nosso próprio lugar em vez de ambicionar uma proximidade desmedida.

Já em circunstâncias que demandem assistência aos sogros ou aos nossos pais, faz-se necessário avaliar a situação de modo cuidadoso e proceder com equilíbrio. Oferecer apoio aos genitores, sobretudo em situações difíceis como a de enfermidade, é um ponto considerável na dinâmica familiar. Com o avanço

Famílias indestrutíveis

da idade e o advento da senescência,[3] cuidados mais intensos podem ser necessários, levando até, em alguns casos, à coabitação. Quando tanto filho quanto cônjuge se dedicam aos cuidados dos pais fragilizados, demonstram uma nobreza incomparável. Porém, ao optar por acolhê-los no lar, o casal tem de estar alicerçado em maturidade, pois embora tal escolha represente um ato de amor e honra, pode trazer desafios que demandarão bastante discernimento, paciência e perseverança.

O princípio bíblico advindo do próprio Deus para o bom desenvolvimento da relação conjugal é claro quando orienta o homem a "deixar pai e mãe e se unir à sua mulher" (cf. Gênesis 2.24). A ruptura não é somente geográfica, mas afetiva. Portanto, ainda que coabitar com os pais se faça necessário por uma situação de calamidade ou preservação da vida, como mencionei acima, a primazia do vínculo matrimonial deve ser protegida com dedicação e demonstrada no cotidiano. Ou seja, será necessário que os cônjuges cuidem para continuar cultivando o amor na relação a dois, sem deixar que ele se esfrie, nem que sua atenção se restrinja apenas ao cuidado com o familiar idoso ou enfermo.

Dentro do eixo afetivo também está a relação do casal com os próprios filhos. Mesmo antes do casamento, precisamos direcionar o olhar para o futuro, sonhar com a posteridade e se preparar para educar a próxima geração com ternura e no temor do Senhor. Ao passo em que capacitam os filhos para crescerem fortes e virtuosos, também é tarefa dos pais lhes ensinar o valor de constituírem famílias saudáveis, de preferência por meio do exemplo. Nesse processo, pai e mãe

---

3   A senescência refere-se ao processo natural de envelhecimento biológico e às mudanças graduais associadas a ele, que resultam na deterioração progressiva da função celular e, eventualmente, na morte da célula. Esse termo pode ser aplicado tanto a nível celular, quando células param de se dividir e entram em um estado de inatividade, quanto a nível do organismo como um todo, referindo-se ao envelhecimento geral de um indivíduo.

Fortalecendo o vínculo conjugal

devem se lembrar de que um dia eles mesmos serão aqueles a quem os filhos deixarão para se unirem ao cônjuge, enquanto se perpetua o ciclo da vida.

Muitos consideram o amor parental como o mais forte e prevalecente; chegam até a questionar se existe algum vínculo que se compare a este. No entanto, apesar da profunda conexão com os filhos, a primazia deve ser do laço conjugal. Ele pode, por exemplo, ser comparado à uma árvore, firme e profundamente enraizada, a partir da qual nascem os frutos. Uma vez que ela é cultivada com esmero e dedicação, será fecunda e trará bons resultados (cf. Mateus 7.17-18).

Atendi uma mulher que enfrentou problemas afetivos com o marido após dar à luz. Mesmo tendo passado pelo período usualmente recomendado para evitar a relação sexual pós-parto, ela ainda não se sentia pronta para retomar a intimidade física; afinal, sintomas relacionados à oscilação hormonal persistiram. A situação se agravou quando meses se passaram e a inatividade sexual do casal persistiu, pois a esposa começou a utilizar as responsabilidades maternas como justificativa para continuar negligenciando a relação amorosa.

> PAI E MÃE DEVEM SE LEMBRAR DE QUE UM DIA ELES MESMOS SERÃO AQUELES A QUEM OS FILHOS DEIXARÃO PARA SE UNIREM AO CÔNJUGE, ENQUANTO SE PERPETUA O CICLO DA VIDA.

Em um atendimento conjunto, percebi o esforço do marido em demonstrar compreensão, paciência e buscar soluções para reacender a chama do relacionamento. Cuidar de um bebê, de fato, exige grande dedicação, mas isso não deve levar ao descumprimento dos deveres conjugais ou ao abandono do contato íntimo. Expliquei à esposa a importância de um convívio amoroso, o qual inclui, entre outros aspectos, a interação sexual. Quando os pais mantêm uma relação cheia de romance, carinho e afeto, isso reflete positivamente no bem-estar geral da família, e proporciona um modelo de relacionamento saudável para os filhos.

QUANDO AS CRIANÇAS OBSERVAM O PAI DEMONSTRAR UM AMOR PROFUNDO E CONSISTENTE PELA MÃE, POR EXEMPLO, APRENDEM SOBRE SACRIFÍCIO, RESPEITO E LEALDADE. AO VEREM A ENTREGA DA MÃE, QUE PREPARA A MARMITA DO MARIDO E CUIDA PARA QUE ELE SAIA SEMPRE BEM ARRUMADO, COMPREENDEM MELHOR O QUE É GENEROSIDADE E DOAÇÃO.

É a partir da relação amorosa entre o pai e a mãe que se irradia amor e segurança para os filhos. Ao valorizar os momentos juntos e priorizar as necessidades do outro, os pais evidenciam que sua união é a base do lar. Quando as crianças observam o pai demonstrar um amor profundo e consistente pela mãe, por exemplo, aprendem sobre sacrifício, respeito e lealdade. Ao verem a entrega da mãe, que prepara a marmita do marido e cuida para que ele saia sempre bem arrumado, compreendem melhor o que é generosidade e doação. Essas não são lições que se ensinam apenas com palavras, mas em especial por meio das ações cotidianas, as quais ilustram como enfrentar desafios e até discordâncias com compaixão e maturidade.

Por fim, tratarei dos amigos, que também compõem o eixo afetivo. Cada cônjuge traz para o relacionamento amizades de longa data; algumas persistem, enquanto outras se desvanecem devido à distância ou diferenças crassas entre as visões de mundo. De qualquer forma, amigos são indispensáveis; eles oferecem apoio emocional, celebram conosco nossas conquistas, incentivam-nos a ver a vida por perspectivas distintas e enriquecem nossa compreensão a respeito de nós mesmos e do entorno.

Desafios surgem quando o marido ou a mulher mantém amizades desconhecidas ou desaprovadas pelo outro — ainda mais com o sexo oposto —, afinal isso costuma

Fortalecendo o vínculo conjugal

gerar o sentimento de exclusão da vida do parceiro, além de abrir brechas para desconfianças. É evidente que, nesse contexto, não me refiro a relações estritamente profissionais, que demandam engajamento social fora do contexto matrimonial, mas, sim, àquelas que se enquadram no âmbito pessoal.

Contudo, seja qual for a natureza do relacionamento, devemos nos atentar ao que a Palavra nos adverte em 1Pedro 5.8: "Estejam alertas e vigiem. O Diabo, o inimigo de vocês, anda ao redor como leão, rugindo e procurando a quem possa devorar". Vigilância e discernimento revelam-se essenciais para se manter a confiança entre cônjuges, mesmo em ocasiões de trabalho. Optar por não conduzir atendimentos particulares com mulheres no gabinete pastoral, por exemplo, não sinaliza dúvida quanto às intenções do pastor ou de sua esposa. Trata-se, na verdade, de uma medida que demonstra zelo pela imagem de todos os envolvidos.

> **AS INTERAÇÕES ENTRE AMIGOS DEVEM SER CORDIAIS E FRATERNAS, SEMPRE PAUTADAS NO RESPEITO MÚTUO, LIMITES INTRANSIGENTES E, ACIMA DE TUDO, UMA FIDELIDADE INABALÁVEL AO CÔNJUGE DIANTE DE DEUS.**

As interações entre amigos devem ser cordiais e fraternas, sempre pautadas no respeito mútuo, limites intransigentes e, acima de tudo, uma fidelidade inabalável ao cônjuge diante de Deus. Discutir tristezas, contratempos e dilemas internos com amigos do sexo oposto, em contextos como a igreja ou o trabalho, pode inadvertidamente estabelecer um ambiente vulnerável à tentação e abalar a confiança do parceiro. Entenda: não deve haver amigo mais próximo a você do que seu cônjuge; esta percepção, madura e absoluta, se contrapõe às narrativas juvenis que muitas vezes idealizam amizades profundas com pessoas do sexo oposto.

No que concerne a gestos de carinho ou cortesia, como beijos e abraços, a cautela tem de ser redobrada. Mesmo um

Famílias indestrutíveis

cumprimento inocente e rotineiro deve ocorrer com discernimento, a fim de evitar desconfortos e equívocos aos envolvidos. Ademais, nas amizades compartilhadas pelo casal, a equidade é necessária; se existe uma amiga em comum, suas interações devem ser mais frequentes com a esposa, se for um amigo, com o esposo. A intenção por trás dessa postura é prevenir complicações e assegurar que o amor entre o casal seja sempre preservado de modo respeitoso e marcado por honra.

> **TODOS OS EIXOS – PESSOAL, LABORAL, COMUNITÁRIO-ESPIRITUAL E AFETIVO – SÃO FUNDAMENTAIS PARA NOSSA EXISTÊNCIA, PORÉM DEVEM ESTAR A SERVIÇO DO CENTRO GRAVITACIONAL DAS RELAÇÕES HUMANAS: O CASAMENTO.**

Usando minha própria experiência como exemplo, percebo como determinados cuidados são valiosos no eixo afetivo. Antes de me casar, eu dedicava as sextas-feiras à noite, junto com um grupo de homens piedosos, para orações comunitárias na igreja. Todavia, após meu casamento, percebi que isso causava desconforto em Jéssica e gerava tensões entre nós. Afinal, dada a exigência de meus deveres no quartel e no ministério eclesiástico durante os primeiros meses da minha vida conjugal, as sextas-feiras deveriam ser reservadas para momentos especiais com minha esposa. Em outras palavras, apesar da nobre causa, abdicar de estar com minha esposa para orar com os irmãos naquelas noites era uma opção inapropriada. Hoje, reconheço meu erro, pois o cônjuge deve ser priorizado acima de qualquer outro relacionamento.

Percebo claramente como o casamento exige constantes adaptações, pois se trata de uma extensa caminhada conjunta, concebida até a morte. A aptidão para definir prioridades, equilibrando outros relacionamentos e responsabilidades, ao passo em que se mantém princípios espirituais como pilares, conduz o casal por um caminho de vida plena, no qual Deus

Fortalecendo o vínculo conjugal

e o parceiro são valorizados. Dentro desta ótica, percebe-se a necessidade de uma hierarquia bem alinhada entre as relações, na qual o matrimônio desempenha um papel central.

Todos os eixos — pessoal, laboral, comunitário-espiritual e afetivo — são fundamentais para nossa existência, porém devem estar a serviço do centro gravitacional das relações humanas: o casamento. À vista disso, casais devem se comunicar e ponderar cada questão proeminente, a fim de identificar e corrigir eventuais desvios. Cultivar esta compreensão possibilita o florescimento de um amor resiliente, capaz de enfrentar adversidades, e reforça tanto o vínculo entre marido e mulher quanto todas as outras conexões que temos na vida.

Capítulo 6

SEXO E INTIMIDADE

Sobre cada detalhe da Criação repousam beleza e propósitos singulares; e o sexo não é uma exceção a isso, ele manifesta uma forma de concretização do amor entre cônjuges. Basta observar atentamente para notarmos finalidades que vão além do prazer ou da procriação. Os impulsos sexuais, muitas vezes mal interpretados ou reduzidos a consequências negativas da Queda, são traços constitutivos do ser humano. Eles já existiam mesmo antes do episódio protagonizado por Adão e Eva. Portanto, o desejo sexual não é uma anomalia, mas uma característica positiva e inerente à humanidade.

Obviamente, existem aqueles que não manifestam tais pulsões, talvez por alguma desregulação hormonal ou psicológica. Quando a questão é puramente física, pode ser tratada com especialistas de saúde, porém também há pessoas que se sentem chamadas ao celibato e optam por viver assim. Contudo, para a maioria dos seres humanos, o desejo sexual se mantém uma constante, sendo algo que deve ser guardado para a relação marital.

Não obstante seja uma fonte de prazer, uma expressão de amor, algo que enriquece e estreita os laços no matrimônio, o

Famílias indestrutíveis

sexo é um dever conjugal. Em 1Coríntios 7, o apóstolo Paulo expõe a importância da reciprocidade entre marido e mulher em atender às necessidades um do outro, pois assim ambos se protegem contra tentações externas:

> O marido deve cumprir os deveres conjugais para com a sua mulher, e, da mesma forma, a mulher, para com o seu marido. A mulher não tem autoridade sobre o próprio corpo, mas sim o marido. Da mesma forma, o marido não tem autoridade sobre o próprio corpo, mas sim a mulher. Não se recusem um ao outro, exceto por mútuo consentimento e durante certo tempo, para se dedicarem à oração. Depois, unam-se de novo, para que Satanás não os tente por falta de domínio próprio (vs. 3-5).

SOBRE CADA DETALHE DA CRIAÇÃO REPOUSAM BELEZA E PROPÓSITOS SINGULARES; E O SEXO NÃO É UMA EXCEÇÃO A ISSO, ELE MANIFESTA UMA FORMA DE CONCRETIZAÇÃO DO AMOR ENTRE CÔNJUGES.

É essencial compreender que, embora Paulo fale em termos de "dever", em nenhum momento sugere que a relação sexual deve ser forçada. O consentimento permanece imprescindível, pois segundo a Bíblia, "o amor é paciente, [...] bondoso [...], não maltrata, não procura os próprios interesses [...]" (1Coríntios 13.4-5), ou seja, não comporta nenhuma forma de coerção ou abuso. Portanto, o dever conjugal não tem de ser interpretado como um direito de exigir sexo sem consideração pelo bem-estar, pelas emoções ou pela reciprocidade do desejo do cônjuge.

De todo modo, o comando apostólico para que "não se recusem um ao outro" necessita ser observado sempre. Por mais que o sexo não consentido seja um absurdo à luz da Palavra, no casamento bíblico, cabe a possibilidade de se ter relações em dias que o cônjuge apresente um apetite sexual maior que o seu próprio, por uma consciência de dever

Sexo e intimidade

e por generosidade. Zelar pela frequência e qualidade do ato sexual, além da satisfação do outro, é um ato de sabedoria e cuidado.

Aliás, de modo algum a relação a dois deve ter como objetivo uma busca egoísta por prazer, antes, trata-se de uma jornada que se inicia com a aspiração de servir e satisfazer o outro, perspectiva que se torna ainda mais perceptível na dinâmica do ato sexual. Enquanto homens tendem a atingir o orgasmo com mais facilidade, as mulheres são mais complexas em suas necessidades sexuais. Por isso mesmo, o marido deve estar atento ao prazer de sua esposa, caso contrário, pode negligenciar a satisfação de sua amada e gerar sentimentos de desconexão, frustração e até ressentimento. A atenção primordial deve recair sobre o que se pode proporcionar ao outro, e não apenas voltar-se ao próprio deleite.

Marido e mulher precisam ter uma mentalidade de doação. Se, ao despertar, seu primeiro anseio é por fazer o parceiro se sentir amado e satisfeito, então está no caminho da verdadeira intimidade. Isso denota o desenvolvimento de um ambiente repleto de afeto e desejo, o qual mantém viva a chama da paixão por meio de atitudes cotidianas que, juntas, desencadeiam momentos intensos de amor.

O período pós-parto é um exemplo claro deste posicionamento, pois, após dar à luz, a mulher passa por mudanças consideráveis e tende a se sentir sobrecarregada, tanto física quanto emocionalmente. Durante esse período, o casal tem de se abster da relação sexual por determinado tempo, uma vez que os obstetras costumam recomendar uma espera de quatro a seis semanas,[1] garantindo assim a recuperação física e prevenindo riscos de complicações. No entanto, cada carinho,

---

1   Healthline. **Sex After Birth**: What to Expect and How Long to Wait. Disponível em: <https://www.healthline.com/health/pregnancy/sex-after-birth>. Acesso em: 13 nov. 2023.

cada vez que o pai se levanta à noite para acalmar o bebê, cada momento de empatia e apoio, por mais cotidianos que pareçam, fortalecem o laço entre o casal e preparam o caminho para a retomada da vida íntima quando estiverem prontos.

Timothy Keller[2] aborda várias dimensões da união marital em seu aclamado livro *O Significado do Casamento*.[3] Uma de suas ênfases é a de que os deveres conjugais não se limitam apenas à coexistência ou cumprimento de responsabilidades rotineiras, mas se aprofundam em um compromisso espiritual e emocional. A intimidade sexual ocupa um lugar sublime no matrimônio. Para Keller, é uma expressão de autodoação, a qual não é opcional; em suas palavras:

> A meu ver, essa parte específica de 1Coríntios 7 é um recurso prático importante. A grande preocupação de cada cônjuge não deve ser de obter prazer sexual, mas de proporcioná-lo. Em resumo, o maior prazer sexual deve ser o de ver o seu cônjuge sentir prazer. Quando você atinge o ponto em que causar excitação no outro é o que mais excita você, está praticando esse princípio.[4]

O sexo simboliza a consumação de um compromisso, por intermédio do qual marido e mulher se entrelaçam em âmbitos físico, emocional e espiritual. Após os votos matrimoniais, nenhum casal deve abster-se de relações íntimas sem um motivo evidente, como o resguardo pós-parto, ou um propósito, como para se dedicarem à oração por um tempo (cf. 1Coríntios 7.5). A entrega recíproca faz com que se tornem, conforme descrevem as Escrituras, "uma só carne"

---

2 Timothy Keller é um teólogo, pastor e autor cristão americano amplamente respeitado. Keller é conhecido por seus ensinamentos articulados, que buscam fazer pontes entre a fé cristã tradicional e os desafios intelectuais e culturais da vida moderna.
3 KELLER, Timothy. *O significado do casamento*. São Paulo: Vida Nova, 2012.
4 KELLER, Timothy. "O sexo e o casamento", em **O significado do casamento**. São Paulo: Vida Nova, 2012, p. 282, 283.

Sexo e intimidade

(cf. Gênesis 2.24; Efésios 5.31); ela configura uma harmonia anatômica e emocional, que evidencia a autêntica união entre cônjuges.

Ao contrário de percepções errôneas e distorcidas, o sexo, em si, não possui conotações negativas; não é pecado, apesar de existirem maneiras de deturpá-lo. Infelizmente, diversos costumes moldaram de modo problemático a percepção das pessoas acerca da intimidade. Enquanto alguns o associam à deturpação, outros atribuíram ao sexo uma perspectiva quase ritualística. Isso inclui, por exemplo, ouvir músicas meditativas durante o ato ou enxergá-lo para fins de procriação somente. Essas visões limitadas tendem a afetar negativamente a qualidade da relação conjugal.

> **O SEXO SIMBOLIZA A CONSUMAÇÃO DE UM COMPROMISSO, POR INTERMÉDIO DO QUAL MARIDO E MULHER SE ENTRELAÇAM EM ÂMBITOS FÍSICO, EMOCIONAL E ESPIRITUAL.**

Sexualidade está ligada à apreciação da beleza do outro, a qual não é apenas vista, mas sentida, como a harmonia perfeita da noite estrelada, que Lord Byron[5] descreve em sua musa no poema *She Walks in Beauty* ["Ela caminha em beleza", em português]. A paixão e o desejo nascem de uma busca contínua por complementaridade, um equilíbrio entre luz e sombra, em que *"all that's best of dark and bright"* ["e tudo o que há de mais sombrio e mais brilhante"] se encontra na pessoa amada — uma fusão que ilumina tanto os aspectos físicos quanto os espirituais:

---

5 George Gordon Byron foi um dos mais célebres poetas do movimento romântico inglês. Conhecido tanto por sua brilhante obra literária quanto por seu estilo de vida extravagante, Byron exerceu uma influência significativa na literatura e sociedade de sua época. Sua obra mais famosa, "Don Juan", é um extenso poema satírico, que não só exemplifica sua habilidade literária, mas também reflete suas visões e críticas sociais. Byron deixou um legado duradouro na literatura e é frequentemente citado como um dos maiores poetas britânicos. É lembrado como um ícone do Romantismo, uma figura complexa e contraditória que encapsula o espírito de sua época.

Famílias indestrutíveis

Ela caminha em beleza, qual noite
De céus sem nuvens e estrelas cintilantes;
E tudo o que há de mais sombrio e mais brilhante
Encontra-se em seu olhar e em seu porte divino;
Assim amansada para aquela luz suave
Que o dia vistoso ao céu sempre nega.

Uma sombra a mais, um raio a menos,
Teria prejudicado a graça sem nome
Que ondula em cada cacho preto,
Ou suavemente ilumina seu rosto;
Onde pensamentos docemente serenos expressam
Quão pura, quão cara é sua morada.

E naquela face, e sobre aquela testa,
Tão suaves, tão calmas, contudo eloquentes,
Os sorrisos que vencem, os matizes que brilham,
Mas contam de dias em bondade gastos,
Uma mente em paz com tudo abaixo,
Um coração cujo amor é inocente! (Tradução livre)

A passagem de Provérbios 5.18 também celebra uma união desta natureza ao dizer: "Seja bendita a sua fonte! Alegre-se com a esposa da sua juventude". Tal fonte de amor é comparável à beleza pura e serena que Byron vê espelhada no rosto da mulher, cuja alma reflete uma "mente em paz com tudo abaixo"; ela é quem sacia a sede do marido por beleza e conexão. A harmonia alcançada na aliança conjugal espelha a união dos contrastes no poema, em que a elegância física e a bondade interior se encontram, criando uma luz suave que "o dia vistoso ao céu sempre nega". É nesse ponto — entre desejo e ternura, paixão e paz — que o verdadeiro significado da intimidade se revela, ao passo em que a apreciação pela beleza do outro é consumada.

> **SEXUALIDADE ESTÁ LIGADA À APRECIAÇÃO DA BELEZA DO OUTRO, A QUAL NÃO É APENAS VISTA, MAS SENTIDA.**

Sexo e intimidade

Tornar-se íntimo de alguém denota descortinar camadas do outro. Na narrativa bíblica de Gênesis 4, utiliza a palavra-se "conhecer" para expressar a intimidade sexual: "E conheceu Adão a Eva, sua mulher, e ela concebeu e deu à luz a Caim [...]" (v. 1). Esta escolha lexical não se dá por acaso; ela sugere que o sexo é uma maneira profunda de entender o outro e conectar-se com ele. Ao longo da vida, interagimos com inúmeras pessoas, mas com apenas uma delas o vínculo assume uma relevância ímpar, a ponto de gerar o desejo de casar-se com ela, e desvendar o universo da pessoa amada.

A intimidade torna-se uma expedição de descoberta, na qual pequenos gestos, como olhares ou carícias, funcionam como chaves que destrancam pouco a pouco os mistérios mais profundos da alma do cônjuge. Aliás, a curiosidade faz-se necessária nesse processo, e mantê-la viva é substancial para a saúde e longevidade do relacionamento. Deste modo, haverá cada vez mais motivação para se desvendar e comprazer um ao outro; em contrapartida, uma visão egoísta, focada apenas na satisfação pessoal, corrompe a solidificação de um casal.

Além de manter certo mistério, sobretudo por parte da mulher, para que se gere no marido um anseio por conquistá-la mais e mais — com isso, evidentemente, não me refiro a fazer nenhum tipo de tratamento de silêncio, por exemplo, mas pacientemente despertar a curiosidade —, há um segredo crucial para que a jornada a dois seja bem-sucedida e prazerosa. A chave é manter um diálogo amoroso, envolto por vulnerabilidade e compreensão, para resolver qualquer desalinhamento que possa surgir. Isso, porque no cerne da intimidade

> A INTIMIDADE TORNA-SE UMA EXPEDIÇÃO DE DESCOBERTA, NA QUAL PEQUENOS GESTOS, COMO OLHARES OU CARÍCIAS, FUNCIONAM COMO CHAVES QUE DESTRANCAM POUCO A POUCO OS MISTÉRIOS MAIS PROFUNDOS DA ALMA DO CÔNJUGE.

Famílias indestrutíveis

encontra-se o intuito genuíno de conhecer e ser conhecido, de olhar nos olhos do parceiro e reconhecer sua humanidade.

Sexo é também uma habilidade que, assim como qualquer outra, exige aprendizado e aperfeiçoamento. Esse processo se concretiza mediante a sensibilidade e atenção mútuas que marido e mulher desenvolvem ao longo do tempo, sabendo que a intimidade compreende uma crescente consciência acerca do próprio corpo e do corpo do parceiro. É preciso reconhecer que o ato conjugal está ligado ao dia a dia do relacionamento, sendo este o ápice de uma cadeia contínua de atos de amor e consideração que devem suceder no convívio entre os dois. Embora recursos externos, como terapias e livros, possam ser úteis, é importante que qualquer consulta esteja de acordo com princípios bíblicos e complementem, em vez de substituir, a comunicação entre os cônjuges.

Manter um padrão de diálogo constante sugere a criação de um vínculo no qual a empatia e o suporte recíprocos são pedras angulares. Por exemplo, ao chegar em casa e ver a esposa acelerada para preparar o jantar, enquanto dá suporte às crianças, o marido poderia se dispor a contribuir com os afazeres domésticos. Ou então, ao notar que o esposo teve um dia exaustivo, seria agradável que a mulher pudesse lhe oferecer uma atitude carinhosa, como servir um suco e lhe dar palavras de apoio. Gestos assim reforçam que, mais do que meramente coexistir, marido e mulher se esforçam para construir um elo colaborativo, em que ambos se preocupam genuinamente um com o outro.

Essa dinâmica de cuidados no lar contrasta com o efeito de influências externas nocivas, como exposição à pornografia, comparação com experiências passadas, consulta com terapeutas liberais, entre outros. Tudo isso tende a moldar uma compreensão distorcida do sexo, levando a insatisfações e, em circunstâncias mais extremas, à busca por gratificação fora do matrimônio. É realmente alarmante a proliferação de

Sexo e intimidade

conceitos deturpados acerca das relações íntimas; muitos oferecem uma perspectiva superficial e mercantilizada, centrada em fantasias e desvinculada da conexão sexual autêntica e saudável, conforme Deus projetou.

Certa vez, um casal me procurou com um dilema angustiante: eles relataram sobre a ausência de desejo sexual mútuo e, consequentemente, a falta de contato íntimo. Como sei que, na sociedade contemporânea, esse tipo de situação costuma estar atrelada a interferências externas, optei por uma abordagem transparente e lhes indaguei sobre o possível consumo de conteúdo pornográfico. Foi então que os dois admitiram lutar contra o vício. A princípio, o marido apresentou a proposta, sugerindo que isso poderia "apimentar" a relação. Infelizmente, não demorou muito até que a esposa também se encontrasse em um ciclo de dependência.

Percebi que a desatenção a um pilar essencial do casamento era a causa do problema. Devido à sobrecarga de responsabilidades — profissionais, domésticas e parentais —, deixaram de lado momentos de qualidade a dois. Tal situação os levou a optar por soluções rápidas, na tentativa de reacender a chama do desejo sexual, porém resultou na introdução da pornografia na vida íntima. Além do mais, o impasse que enfrentavam não era uma questão recente; suas origens remontavam a escolhas e práticas estabelecidas bem antes, e se tivessem lidado com a situação de maneira adequada, talvez nunca tivessem recorrido aos estímulos mencionados. Fico feliz pelo fato de que o casal mencionado conseguiu corrigir a grave falha e reconstruir sua vida sexual seguindo os princípios da Palavra de Deus. Tenho o privilégio de congregar com eles e ver os frutos de arrependimento e santificação de ambos.

Construir intimidade sexual pode ser desafiador no início, afinal requer paciência, comunicação e, sobretudo, empatia. Haverá momentos de sintonia e outros que carecerão de ajuste, e então uma das dúvidas que surge é sobre a "frequência correta" do ato sexual no casamento. Não há uma resposta específica à questão, pois cada casal deve definir o que melhor lhes convém, tendo em vista que o primordial é manterem a transparência comunicativa e entender que a qualidade é mais importante do que a quantidade de encontros íntimos. A intenção deve ser servir, acolher, bem como proporcionar plena satisfação ao cônjuge. O anseio é que a vida a dois seja uma eterna lua de mel, repleta de cumplicidade e alegria; de todo modo, uma hora ou outra manifestam-se reflexões sobre o que é considerado aceitável ou inadequado.

Diante de questionamentos morais, o principal parâmetro deveria ser o fundamento que sustenta o relacionamento, isto é, verificar se as práticas que pensam em realizar estão de acordo com os princípios e valores bíblicos. Não são regras rígidas de "certo ou errado" que devem prevalecer, mas, sim, o respeito recíproco. Assim, quando o leito conjugal se torna um espaço de comprometimento e dedicação ao outro, as imperfeições se atenuam. E é neste contexto que a pureza, frequentemente mal interpretada, se revela.

> **CONSTRUIR INTIMIDADE SEXUAL PODE SER DESAFIADOR NO INÍCIO, AFINAL REQUER PACIÊNCIA, COMUNICAÇÃO E, SOBRETUDO, EMPATIA.**

Muitos têm a concepção errônea de que ela é uma virtude reservada apenas para solteiros ou aqueles que seguem o caminho do celibato. No entanto, é não só acessível como também um requisito a todos que buscam viver em santidade. Em oposição à crença popular, a pureza não nega a vida sexual ativa no casamento; na verdade, ela a enriquece, pois denota enxergar a essência humana e espiritual do outro, além de seu aspecto físico. Implica em perceber no cônjuge a imagem e semelhança de Deus, bem como compreender suas necessidades e desejos.

Para marido e esposa que valorizam isso, um é o parceiro de vida do outro, com quem compartilham uma ligação íntima e

Sexo e intimidade

singular; de forma alguma são considerados um mero objeto utilizado para gratificação pessoal. A pureza, frequentemente associada à castidade, reflete uma postura do coração e da mente que foram transformados pela Graça. Ela sugere uma pessoa capaz de olhar para os outros com honradez e, acima de tudo, sem intenções maliciosas. Este olhar, inspirado por Deus, não apenas nos capacita a enxergar estranhos com compaixão e respeito, mas nos conduz a uma conexão mais autêntica com os mais próximos, refletindo o amor e a santidade do Senhor em nossas interações diárias.

Muitos, de fato, não compreendem o real sentido da intimidade. Contrário ao entendimento superficial, a verdadeira expressão sexual é revestida por santidade; portanto, é essencial discernir: uma interação física desprovida de tal virtude não poderia ser autenticamente chamada de "sexo", seria somente um ato carnal, por meio do qual uma parte busca prazer às custas da outra. Com isso, corrompe-se a beleza do ato sexual e o reduz a um mero exercício mecânico, superficial e egoísta.

A sexualidade humana detém também uma vocação procriadora, isto é, Deus outorgou ao casal a nobre tarefa de gerar vida. Tal verdade foi proclamada no alvorecer da existência humana, quando, após abençoá-los, Deus diz a Adão e Eva: "[...] 'Sejam férteis e multipliquem-se!' [...]" (Gênesis 1.28). Com essas palavras, o ato de procriar foi elevado a uma celebração da vida, abençoando o amor com o dom da descendência. Sem dúvida, a vocação procriadora é uma bênção e um chamado divino. Mesmo sabendo que é limitante presumir que cada interação íntima na aliança matrimonial deva ter como objetivo a reprodução, as justificativas da maioria dos casais que decidem passar anos utilizando métodos contraceptivos costumam ser demasiadamente egoístas ou fruto de ignorância acerca dos fundamentos do casamento.

Famílias indestrutíveis

É interessante observar que, em diversas culturas, ter descendentes é percebido como o pináculo do legado matrimonial, o que reforça a ideia de que o casamento é orientado para a geração de filhos. Em todas as civilizações, até o século passado pelo menos, uma prole numerosa era vista como um sinal da prosperidade e força de uma família. A união entre homem e mulher não apenas celebra o amor, mas também tem a missão de perpetuar a humanidade e, em uma dimensão espiritual, gerar discípulos de Cristo. Os filhos devem ser como faróis, que irradiam ao mundo os ensinamentos do Senhor, transmitindo adiante os valores e crenças fundamentais herdados em casa.

CADA NOVO FILHO, BIOLÓGICO, ADOTADO OU ESPIRITUAL, GERA A ESPERANÇA DE UMA REVELAÇÃO FRESCA A RESPEITO DA FORÇA E BELEZA QUE SE MANIFESTA NO MUNDO.

Em tempos passados, lares repletos de filhos eram a norma, ao passo que, na atualidade, ter três filhos já pode ser visto como um exagero. No Brasil, por exemplo, enquanto décadas atrás, uma família média incluía seis filhos, hoje, a taxa de natalidade caiu para uma média de um a dois filhos por mulher. Muitos podem atribuir tal mudança a fatores econômicos, mas é válido refletir sobre as facilidades contemporâneas em comparação aos desafios enfrentados por gerações anteriores. Conveniências modernas, como medicamentos acessíveis e fraldas descartáveis, por exemplo, tornam a vida atual mais tranquila do que a vivenciada por nossos predecessores.

Embora tempos mudem e circunstâncias se transformem, o chamado à procriação mantém-se como um testemunho do propósito de Deus para a família. Para um casal que compreende essa verdade, o desejo de ter filhos é uma manifestação natural do *eros*, que é feito para ser fecundo e se expandir além da união entre marido e mulher. Assim,

Sexo e intimidade

cada novo filho, biológico, adotado ou espiritual, gera a esperança de uma revelação fresca a respeito da força e beleza que se manifesta no mundo:

> Que, na juventude, os nossos filhos sejam como plantas viçosas; que as nossas filhas sejam como colunas esculpidas para ornar um palácio (Salmos 144.12).

A intimidade sexual no matrimônio é muito mais do que uma mera expressão física; ela é composta por emoções, compromisso e aprendizados conjuntos. Sentir e despertar desejo por intimidade pode se transformar em uma poderosa fonte de ligação para um casal, à medida que se dispõem a compreenderem-se cada vez mais. No coração da experiência reside o prazer compartilhado e a satisfação mútua: quando marido e mulher se sentem valorizados e respeitados em suas necessidades.

Capítulo 7

A ARTE DE RESOLVER CONFLITOS

Quando duas pessoas oriundas de contextos familiares únicos e com histórias de vida distintas decidem se unir em aliança, inevitavelmente terão de lidar com desafios. É nesse complexo cenário que se abre um leque de possibilidades para o crescimento conjunto, tanto no âmbito pessoal quanto no relacional. Aliás, um aspecto frequentemente mal entendido acerca dos casamentos é que o segredo para a harmonia não está na ausência de desentendimentos, mas, sim, na aptidão para lidar com tais divergências de maneira construtiva, por intermédio de uma comunicação eficaz e respeitosa.

O segredo da comunicação

Comunicar é mais do que trocar palavras com alguém; trata-se de um processo cujo significado é formado tanto pelo emissor quanto pelo receptor da mensagem. Assim, a eficácia dessa interação não depende unicamente da eloquência com a qual se comunica, mas também da clareza usada ao expressar uma ideia e da interpretação do outro. Posto isso, ao dizer algo, devemos levar em consideração que palavras serão compreendidas

Famílias indestrutíveis

para além do que está na superfície, uma vez que a intenção e o momento em que são expressas agregam grande valor e sentido à fala.

O SEGREDO PARA A HARMONIA NÃO ESTÁ NA AUSÊNCIA DE DESENTENDI-MENTOS, MAS, SIM, NA APTIDÃO PARA LIDAR COM TAIS DIVERGÊNCIAS DE MANEIRA CONSTRUTIVA, POR INTERMÉDIO DE UMA COMUNICAÇÃO EFICAZ E RESPEITOSA.

Conforme observamos no universo da Linguística, uma contribuição fundamental de Ludwig Wittgenstein[1] é a percepção de que "o significado de uma palavra é seu uso na linguagem", ou seja, por intermédio do contexto prático e variável no qual as palavras são empregadas entendemos o que elas realmente significam. Wittgenstein argumenta contra a visão de que as palavras possuem significados inerentes e estáticos, portanto decifrar o sentido de um termo envolve mais do que consultar sua definição em um dicionário; é preciso observar como as pessoas o empregam em diferentes situações.

Para ilustrar a importância de uma comunicação clara, tomemos o caso dos professores; a proficiência no conteúdo que ensinam torna-se ofuscada se a habilidade de compartilharem esse conhecimento com os estudantes for ineficaz. De forma semelhante, um empresário que não conhece as nuances da etiqueta internacional, e tem de lidar com

---

1   Ludwig Wittgenstein (1889-1951) foi um filósofo austríaco que exerceu grande influência na filosofia analítica do século XX, principalmente com suas contribuições para a filosofia da linguagem e da mente. Seu trabalho inicial, "Tractatus Logico-Philosophicus", explorava a relação entre a realidade e a linguagem, propondo que a linguagem deveria espelhar a lógica da realidade. Mais tarde, em "Investigações Filosóficas", ele revisou suas ideias anteriores e argumentou que o significado das palavras deriva de seu uso em contextos específicos da vida cotidiana. Essa mudança de perspectiva introduziu o conceito de "jogos de linguagem", enfatizando que o significado é formado pelo uso e pela prática dentro de formas de vida particulares. Wittgenstein acreditava que muitos problemas filosóficos surgem de mal-entendidos sobre o uso da linguagem, uma ideia que continua a ser influente até hoje.

A arte de resolver conflitos

executivos japoneses, por exemplo, pode mostrar-se irreverente ao não apresentar seu cartão de visitas com as duas mãos. Afinal, este é um gesto de respeito no Japão. Quando se trata de falar em um idioma estrangeiro, o risco de mal-entendidos aumenta se não há cuidado com as sutilezas culturais, pois termos que são corriqueiros em certo lugar podem ser interpretados como ofensivos em outra região.

Agora imagine a seguinte situação: ao retornar do trabalho após um longo dia exaustivo, o marido ouve de sua esposa: "Estou exaurida, o dia foi muito difícil com as crianças hoje". Ele, que já estava estressado com as demandas profissionais ao longo do dia, talvez interprete tal comentário como um indício de que a esposa estaria com grande dificuldade para lidar com a educação dos filhos, o que intensificaria sua preocupação quanto à estabilidade do lar. Contudo, a intenção da esposa era apenas desabafar seu cansaço físico e psicológico. Se o marido lhe responder com base em suas próprias inquietações, poderá fazê-la se sentir ainda mais pressionada. Em contraste, um questionamento empático como: "O que aconteceu hoje, meu bem?", daria à esposa a oportunidade de falar sobre a questão e processar o que ocorreu ao longo do dia.

COMUNICAR É MAIS DO QUE TROCAR PALAVRAS COM ALGUÉM; TRATA-SE DE UM PROCESSO CUJO SIGNIFICADO É FORMADO TANTO PELO EMISSOR QUANTO PELO RECEPTOR DA MENSAGEM.

Empatia — palavra que se refere a um atributo sobremaneira importante, apesar de estar desgastado pelo uso leviano dos *coachs* modernos — denota a capacidade de nos comovermos com as circunstâncias alheias, ou seja, colocarmo-nos no lugar do outro e entendermos suas necessidades. Um dos exemplos mais proeminentes dessa virtude é personificado em Cristo. Ele optou por assumir a condição humana e suas vulnerabilidades, demonstrando uma

Famílias indestrutíveis

compaixão sem paralelos; por meio de parábolas simples, acessíveis ao discernimento popular, assegurou que sua mensagem fosse compreensível às pessoas.

Nos relatos dos evangelhos, certos momentos ilustram a empatia do Messias de maneira impactante. Em Marcos, algumas pessoas que traziam crianças até ele para serem abençoadas foram repreendidas pelos discípulos, mas Cristo não se conformou com aquela postura e demonstrou sua empatia pelas crianças. Ele reconheceu a sinceridade do coração delas ao buscá-lo e as acolheu, fora isto, admoestou os apóstolos por tentarem impedi-las de se aproximar dele (cf. Marcos 10.13-16).

No Evangelho segundo João, a narrativa da mulher acusada de adultério também serve como uma excelente ilustração de empatia e misericórdia. Ela foi trazida perante Jesus por líderes religiosos que, ao acusá-la, invocaram a lei que decretava apedrejamento para tal infração. Em vez de dar uma resposta sofisticada, como se esperava, o Senhor se abaixou, escreveu na terra e quando enfim falou, confrontou a hipocrisia daquelas pessoas. Logo após os mestres da lei e fariseus se retirarem, ele se aproximou da mulher e perguntou se alguém a havia condenado. Após ela responder que ninguém foi capaz de incriminá-la, o Mestre disse que também não a julgaria culpada (cf. João 8.1-11); manifestou, assim, grande compaixão e lhe proporcionou uma nova chance de recomeço.

Este relato também revela como a comunicação empática não denota necessariamente uma abordagem permissiva; pois muitas vezes o amor exigirá firmeza e a habilidade de corrigir, como indica a fala do Mestre ao fim do versículo onze. Sendo assim, sempre questione a si mesmo quanto à sua intenção, escolha suas palavras com discernimento e considere o que é pertinente e benéfico à conversa. A honestidade é imprescindível para a confiança mútua, ainda mais quando se trata de questões delicadas que permeiam o âmbito matrimonial.

A arte de resolver conflitos

Assegurar a autenticidade das informações compartilhadas previne equívocos e estabelece uma base sólida para um diálogo coerente, que culminará em bons acordos.

Ademais, a forma e o momento são tão importantes quanto o conteúdo da mensagem em si. Utilizar um tom cuidadoso é essencial, pois até a verdade mais pura pode ser mal interpretada se for transmitida com rispidez, sarcasmo ou uma postura agressiva. Expressar desejos e preocupações de maneira acertada exige paciência e prática, a fim de se evitar barreiras emocionais. Mesmo com gentileza nas palavras, uma ocasião inadequada tende a distorcer a recepção da mensagem ou até causar danos à relação. Por isso, saber escolher uma ocasião mais propícia para expor determinados assuntos pode ser a chave para transformar uma troca de palavras em uma experiência conectiva e renovadora.

Imagine que a esposa esteja passando pelo luto, poucos dias após a perda de um ente querido. Se justamente neste período, o marido decidir que deseja tratar de problemas financeiros, por exemplo, é muito provável que não tenha um bom resultado. Tal demonstração de insensibilidade tenderia a desgastar o elo emocional entre os dois. Portanto, antes de qualquer palavra, devemos avaliar se o outro encontra-se receptivo ou não.

Além de saber como e quando falar, precisamos estar dispostos a ouvir com atenção. Por vezes, na urgência de compartilhar nossos pontos de vista, desconsideramos a perspectiva do outro. É comum observar que, em muitos casos, mulheres tendem a explorar suas vivências de modo detalhado, enquanto homens podem inclinar-se para soluções mais objetivas e sucintas. Essa diferença não é um defeito, e, sim, uma oportunidade para identificar o estilo de comunicação do cônjuge e respondê-lo dessa maneira. Tenha em mente que ouvir é um ato consciente e intencional, não uma demonstração de passividade.

Famílias indestrutíveis

Profissionais da psicanálise, em especial os adeptos das teorias de Jacques Lacan,[2] enfatizam a importância da comunicação verbal como um meio de cura. Às vezes, o que um cônjuge realmente necessita é da chance de expor seus sentimentos e preocupações sem ser interrompido ou julgado. Levar em conta o equilíbrio entre ouvir e falar de acordo com as necessidades e características de cada situação é fundamental. Na maioria das vezes, o princípio oitenta-vinte[3] pode ser útil: dedicar 80% do tempo à escuta e limitar em 20% a expressão pessoal. Caso perceba uma desproporção, reajuste. Aliás, lembre-se de que escutar não é apenas uma questão mecânica, mas requer total atenção; evite formular respostas antecipadas na cabeça ou aguardar impacientemente a sua vez de falar. Acolha e pondere os argumentos do outro, esteja aberto a reconhecer seus pontos válidos e entender suas emoções.

> **OUVIR É UM ATO CONSCIENTE E INTENCIONAL, NÃO UMA DEMONSTRAÇÃO DE PASSIVIDADE.**

---

2   Jacques Lacan foi um psicanalista e psiquiatra francês notável por suas contribuições influentes à psicanálise. Lacan é mais bem conhecido por seu trabalho na reinterpretação dos textos de Sigmund Freud através do prisma do estruturalismo, semiótica e linguística. Ele enfatizou a importância da linguagem e da estrutura simbólica no funcionamento da mente humana, introduzindo conceitos como o "estágio do espelho" e os três registros do Real, do Simbólico e do Imaginário. Seu trabalho é complexo e muitas vezes considerado desafiador, mas teve um impacto significativo na psicanálise contemporânea, bem como em campos como a filosofia, a crítica literária e os estudos culturais.

3   Princípio de Pareto (Oitenta-Vinte): Desenvolvido pelo economista Vilfredo Pareto no final do século XIX, o Princípio de Pareto originalmente observou que 80% da riqueza na Itália estava concentrada em 20% da população. Este princípio foi adaptado para uma variedade de contextos, demonstrando frequentemente que uma grande parte dos efeitos vem de uma pequena parte das causas. Na comunicação, essa ideia se transforma na recomendação de dedicar 80% do tempo à escuta ativa e 20% à expressão pessoal, promovendo uma interação mais empática e eficiente. Este ajuste busca equilibrar a troca de informações, valorizando a compreensão mútua sobre os interesses individuais.

A arte de resolver conflitos

A maneira como nos comunicamos e respondemos aos outros revela nossas intenções reais. Portanto, não devemos usar palavras apenas para preencher o silêncio ou pelo anseio de dar uma resposta cortante a ideias que nos desagradam. Há uma frase, comumente atribuída a Platão, que capturou muito bem esse conceito: "Os sábios falam porque têm algo a dizer; os tolos, porque precisam dizer algo".[4] Com isso, entendo que, no cerne de um diálogo eficaz, encontra-se a habilidade de compreender a perspectiva do outro, estar atento e elaborar comentários que levem em conta tanto o contexto quanto as emoções dos interlocutores.

Três formas de se comunicar

Existem três elementos particularmente importantes para uma comunicação eficaz, que, quando bem utilizados, podem enriquecer de forma significativa o vínculo emocional entre os cônjuges. O diálogo é o primeiro deles, e se revela como uma artifício indispensável; consiste na interação de ideias distintas, sejam elas opostas ou complementares, com o objetivo de alcançar um consenso que facilite a convivência na relação.

Um diálogo bem conduzido pode transformar desentendimentos em oportunidades para se desenvolver soluções mutuamente benéficas. Para que isso de fato aconteça, é necessário evitar generalizações, exageros ou acusações, substituindo comentários como "você sempre" ou "você nunca" por exemplos claros, comunicados de forma respeitosa. Como Romain

---

4   A citação "Os sábios falam porque têm algo a dizer; os tolos, porque precisam dizer algo" (Tradução livre) foi acessada no Goodreads, site que reúne uma vasta coleção de citações de autores e pensadores famosos. Disponível em: <https://www.goodreads.com/quotes/1219004-wise-men-speak-because-they-have-something-to-say-fools>. Acesso em: 24 nov. 2023. A autoria da citação é comumente atribuída a Platão, mas sua origem exata permanece incerta.

Famílias indestrutíveis

Rolland[5] uma vez escreveu: "É impossível discutir com alguém que afirma não buscar a verdade, mas já a possuir".[6] Em outras palavras, devemos nos lembrar da importância de dialogar sem a pretensão de já termos todas as respostas, tendo a disposição de entender e crescer com a perspectiva do outro.

UM DIÁLOGO BEM CONDUZIDO PODE TRANSFORMAR DESENTENDIMENTOS EM OPORTUNIDADES PARA SE DESENVOLVER SOLUÇÕES MUTUAMENTE BENÉFICAS.

O segundo elemento é menos convencional, mas transformador na comunicação de um relacionamento; refiro-me ao monólogo, quando um dos cônjuges tem a oportunidade de se sentar com o outro e expor seus sentimentos e pontos de vista de maneira unilateral, sem interrupções. Seu uso deve ser pontual, pois sua eficácia advém justamente de sua aplicação precisa e eventual; isto é, quando as tentativas de diálogo não são acolhidas com a atenção necessária, o monólogo pode ser uma alternativa. É necessário, no entanto, que seu propósito não seja impor uma perspectiva tendenciosa, mas facilitar uma comunicação honesta e aberta acerca dos sentimentos.

---

5   Romain Rolland foi um notável escritor, dramaturgo, e historiador da música francês, mais conhecido por seus romances, ensaios e biografias. Ele foi laureado com o Prêmio Nobel de Literatura em 1915, reconhecido por seu idealismo magnífico e pela diversidade de sua escrita. Entre suas obras mais famosas está a série de romances "Jean-Christophe", uma exploração detalhada da vida e psicologia de um músico fictício, inspirada em parte pela vida de Ludwig van Beethoven. Rolland também manteve uma correspondência significativa com outros pensadores influentes de sua época, como Sigmund Freud e Mahatma Gandhi, enfatizando sua relevância no pensamento intelectual do século XX.

6   "Once more I address myself to our friends the enemy. But this time I shall attempt no discussion, for discussion is impossible with those who avow that they do not seek for but possess the truth". ROLLAND, Romain. **Above the battle**. Chicago: The Open Court Publishing Company, 1916, p. 76. Disponível em: <https://archive.org/details/abovebattle00roma/mode/2up?q=Discussion+>. Acesso em: 24 nov. 2023.

A arte de resolver conflitos

Considere a situação em que um cônjuge se sente magoado pelo modo como o outro age nas redes sociais. Esse desconforto pode surgir, por exemplo, se um dos dois interagir com certas fotos consideradas inapropriadas pelo outro. Se as tentativas de diálogo forem ineficazes e a dor emocional persistir, talvez a melhor opção seja por um monólogo; ressalto a importância de adotar uma postura madura e calma ao fazer isso. A sua fala deve ser pautada pela sinceridade e esclarecer como determinados comportamentos afetam o relacionamento e geram desconforto. Este ato de abrir o coração não pode ter um tom acusatório, deve ser apenas um compartilhamento de preocupações que visa à conscientização, não ao debate.

Após um monólogo, a postura adotada deve ser destituída de qualquer tipo de manipulação, em especial no que tange à intimidade sexual. Uma vez que a fala tenha terminado, o relacionamento precisa retornar à sua dinâmica habitual sem constrangimentos. Inclusive, deve-se evitar trazer o assunto à tona, para não soar como uma tentativa de coagir ou induzir o outro a concordar ou responder de um modo específico. Outro aspecto importante na utilização do monólogo é que, após esse tipo de interação, faz-se imprescindível que os deveres conjugais continuem sendo cumpridos com ainda mais generosidade e dedicação, apesar da tensão possivelmente ocasionada pelos assuntos. Desse modo, ficará evidente ao cônjuge que a intenção do comunicante era de fato resolver o problema e conservar saudável a aliança, não manipular o outro.

Curiosamente, se gerido de maneira adequada, este período pode marcar um aprofundamento na demonstração de cuidado, sendo uma oportunidade de deixar as ações falarem mais alto do que as palavras. Então, por meio do serviço — terceiro elemento de uma comunicação assertiva — cria-se uma linguagem não verbal, mas significativa. Tal abordagem, capaz de transformar a vida a dois, distingue-se pela ausência da

Famílias indestrutíveis

busca por recompensa ou reciprocidade, pois a pessoa encontra alegria e satisfação no próprio ato de servir.

Diálogo, monólogo e serviço são ferramentas que coexistem e se complementam. O primeiro funciona como a espinha dorsal do entendimento mútuo, enquanto o segundo desempenha um papel determinante ao permitir a expressão individual sem intervenções. Servir, por sua vez, embora às vezes represente uma função menos óbvia, é um modo eficaz de interação. Por isso, o aperfeiçoamento contínuo dessas práticas é uma competência valiosa a ser aspirada e desenvolvida nos relacionamentos, sobretudo no conjugal.

O que destrói um casamento

Após atender inúmeros casais, observei como uma série de dissidências na dinâmica matrimonial fica evidente em consultórios terapêuticos. Esse espaço, longe de ser o ponto de origem dos problemas, serve como um lugar seguro, no qual casais podem externar e compreender questões subjacentes da relação, que, muitas vezes, acumularam-se ao longo do tempo. Nas consultas, é comum que cônjuges foquem mais nas falhas do outro e tragam queixas como a falta de demonstrações de amor, a carência de prazer sexual e assim por diante. Isso denota uma relutância em admitir os próprios erros, um fator significativo para o desgaste do casamento.

Por mais penoso que seja, expor os desdobramentos da crise conjugal é o primeiro passo para a restauração; aquilo que deve ser tratado vem à luz, e então pode ser endireitado. Esse processo, no entanto, não deve ocorrer de modo leviano — isto é, atentando-se apenas aos sintomas problemáticos —, pelo contrário, a raiz do conflito tem de ser devidamente analisada.

Ao lidar com crises matrimoniais, é comum que se descubra uma base instável, similar a uma estrutura predial construída sobre fundações fracas. Imagine um edifício de trinta andares:

A arte de resolver conflitos

sua estabilidade não depende da beleza da fachada ou da elegância dos interiores, mas da solidez de seus alicerces. Se forem frágeis ou mal construídos, o prédio inevitavelmente apresentará rachaduras e poderá sofrer um colapso a qualquer momento. De modo semelhante, alianças constituídas sobre premissas vulneráveis, como sentimentos passageiros ou aspectos superficiais, acabam por enfrentar grandes dificuldades ao suportar as adversidades da vida a dois. Fora isso, desenvolver uma relação baseada em expectativas irrealistas sobre os papéis do homem e da mulher também se mostra bastante danoso.

Representações idealizadas de romance, mostradas na mídia ou cinema, promovem uma visão fantasiosa do amor, contribuindo para o que pode ser descrito como "romantismo destrutivo". Trata-se de narrativas desprovidas de conexão com a realidade, que projetam padrões amorosos irreais e insustentáveis na vida ordinária. Por outro lado, tendências atuais como a cultura *woke*,[7] que visam desconstruir os papéis tradicionais de homem e mulher, conduzem seu público a uma desvalorização das qualidades complementares que ambos os sexos oferecem em um relacionamento, além de gerar uma visão deturpada do amor e do real romantismo. Como consequência, desloca-se o foco dos valores tradicionais de compromisso e afeto mútuo para uma visão autocentrada. Tal desconstrução tende a resultar na falta de bons exemplos e referências sólidas para os que buscam entender e desempenhar seus papéis com equilíbrio e autenticidade.

Também nos deparamos com a valorização excessiva do *status* socioeconômico, que leva muitos a se relacionarem

---

7   A cultura *woke* surgiu com a premissa de promover uma maior conscientização sobre questões de igualdade e direitos humanos, mas tem se revelado como um movimento que representa extremismo e intolerância. Sua aplicação prática se desvia para o autoritarismo ideológico e suprime a liberdade de expressão. Tal extremismo enfraquece o diálogo e a compreensão mútua em questões críticas, substituindo a busca por soluções concretas por uma polarização cada vez maior.

Famílias indestrutíveis

considerando mais os benefícios aparentes do que a verdadeira compatibilidade em aspectos profundos. Se não estivermos atentos, essas circunstâncias podem nos deixar propensos a absorver e replicar tais padrões em nossos próprios relacionamentos. Em oposição aos mais diversos tipos de relações construídas sobre pilares inseguros, casamentos duradouros fundamentam-se na fé em Cristo e na Palavra de Deus. A parábola bíblica da casa edificada sobre a rocha elucida a importância de ter alicerces espirituais resistentes, que oferecem não apenas estabilidade, mas também orientação e força nos momentos desafiadores e incertos:

CASAMENTOS DURADOUROS FUNDAMENTAM-SE NA FÉ EM CRISTO E NA PALAVRA DE DEUS.

> Portanto, quem ouve estas minhas palavras e as pratica é como o homem prudente que construiu a sua casa sobre a rocha. Caiu a chuva, transbordaram os rios, sopraram os ventos e deram contra aquela casa, mas ela não caiu, porque estava alicerçada na rocha. No entanto, quem ouve estas minhas palavras e não as pratica é como o insensato que construiu a sua casa sobre a areia. Caiu a chuva, transbordaram os rios, sopraram os ventos e deram contra aquela casa. Ela caiu, e foi grande a sua queda (Mateus 7.24-27).

Quem ouve as palavras do Mestre a as exercita em todas as áreas da vida, torna-se apto a suportar os momentos desafiadores; já aqueles que não praticam os ensinamentos do Senhor deparam-se com consequências adversas devido à falta de aderência aos preceitos divinos. Os ventos contrários virão de todo modo, a diferença é que uma casa permanece em pé nas tempestades e a outra é derrubada. Na prática, um casal firmado na rocha, que é Jesus, honra seus compromissos e se dispõe ao sacrifício — atitudes fundamentais para manter uma união forte e bem ajustada. Assim como a rocha oferece

A arte de resolver conflitos

segurança, a disposição para o amor abnegado fornece a fortaleza necessária a um relacionamento próspero.

A rocha é um material sólido, constituído de partículas interligadas que compõem sua estrutura compacta e unificada; a areia, em contrapartida, pode ser comparada a uma substância em estado gasoso, cujas moléculas se movimentam e se espalham pelo ambiente. Como a areia movediça, o vínculo conjugal também pode ser abalado quando marido e mulher permitem que suas diferenças os distanciem. Afinal, a coesão em um casamento é comprometida quando ambos optam por seguir percursos distintos; divergências em objetivos e expectativas atuam como influências contrárias e podem gerar um conflito difícil de ser superado.

Por exemplo, uma advogada ambiciosa e seu marido artista vivenciam a tensão de mundos opostos. Enquanto ela, em prol de crescimento na carreira, investe longas horas no escritório e até leva trabalho para casa, ele valoriza um estilo de vida mais tranquilo e prefere passar o tempo em seu estúdio, pintando. Discrepâncias dessa magnitude criam um descompasso em suas rotinas e objetivos. A advogada, frustrada, vê no marido uma falta de ambição e contribuição prática no lar; ele, por sua vez, sente-se negligenciado, sufocado pelo zelo incessante que ela apresenta pelo trabalho.

Se considerarmos um cenário empresarial, podemos pensar em uma companhia fundada por dois sócios. Um, com um perfil mais conservador, busca estabilidade e crescimento gradual em um modelo de negócio já estabelecido e comprovadamente lucrativo. O outro, com uma abordagem mais inovadora, deseja investir em novas tecnologias e expandir rapidamente, explorando mercados emergentes e arriscando em estratégias de *marketing* mais agressivas e ousadas, além de desenvolver sempre novos produtos. Esse desacordo de visões irá gerar um quadro análogo ao do casamento descrito anteriormente.

Famílias indestrutíveis

Agora, o cerne do problema não reside nas distintas metas pessoais ou nas carreiras em ramos diferentes, e sim na carência de unidade. O conflito emerge quando dois corações, que deveriam pulsar em uníssono, encontram-se descompassados sob o mesmo teto. De forma similar, no exemplo do parágrafo anterior, não é a variedade de estratégias que ameaça o sucesso, mas a ausência de um alinhamento coerente entre os sócios. Amós,[8] em uma de suas profecias ao povo de Israel, propõe uma reflexão relevante para a coesão em relações interpessoais, em especial no contexto matrimonial:

> Duas pessoas andarão juntas se não estiverem de acordo? (Amós 3.3).

Esse versículo é bastante esclarecedor; ao analisar um matrimônio em colapso, torna-se evidente o contraste nas direções tomadas pelos cônjuges, porém chegar a esse estágio costuma acontecer aos poucos, e não de modo abrupto. A separação definitiva representa apenas a concretização visível de um processo que, muitas vezes, desenrola-se de maneira gradual e silenciosa.

O egoísmo atua como um catalisador na destruição de lares, bem como em quaisquer outros relacionamentos, pois posiciona o indivíduo como o centro de sua própria existência e reduz o cônjuge, Deus e os filhos a papéis secundários quando comparados à sua procura pessoal por felicidade. Reconhecer o egoísmo em si mesmo não é complicado; ele se revela por meio de queixas centradas somente nas ações

---

8   Amós, um dos doze profetas menores do Antigo Testamento, é conhecido por seu papel de destaque como um dos primeiros profetas sociais da Bíblia Hebraica. Originário de Tecoa, uma aldeia da Judeia, ele viveu no século VIII a.C., um período marcado por desigualdades sociais e econômicas acentuadas em Israel. Ele era um pastor e cultivador de sicômoros antes de ser chamado para ser um mensageiro de Deus. Diferentemente de muitos outros profetas, Amós não pertencia a uma família de profetas nem a uma escola profética, o que ressalta sua origem humilde e independência.

do outro, relutância em se comprometer ou considerar as necessidades alheias, também em atitudes possessivas ou controladoras.

Concentrar toda a sua prioridade em objetivos particulares, como viagens extensas por razões de trabalho ou assumir encargos que elevam o *status* individual, mas restringem o tempo com a família, gera graves tensões no casamento. Manter um equilíbrio entre a carreira e a vida familiar requer que se pondere a importância do suporte emocional e da presença junto aos entes queridos, que são mais significativos do que ganhos financeiros. Tomar decisões com a família em mente implica em uma avaliação cuidadosa das consequências de cada escolha em favor do bem-estar coletivo.

Relacionamentos bem-sucedidos resultam de um esforço consciente e intencional, não ocorrem de modo aleatório ou por mera sorte. Para manter um casamento próspero, impõe-se a necessidade de um conjunto de práticas e conhecimentos que muitas vezes não nos ensinam no decorrer da vida, como a vigilância constante sobre o rumo do relacionamento. Isso deve incluir uma reflexão sobre as nossas próprias atitudes, bem como uma disposição para adotar mudanças que beneficiem tanto o parceiro quanto a relação como um todo.

> **RELACIONAMENTOS BEM-SUCEDIDOS RESULTAM DE UM ESFORÇO CONSCIENTE E INTENCIONAL, NÃO OCORREM DE MODO ALEATÓRIO OU POR MERA SORTE.**

Tal cuidado contínuo pode ser comparado à preparação necessária para uma viagem de carro na Era pré-GPS, quando precisávamos consultar mapas e fazer paradas frequentes para verificar a rota. No casamento, temos de realizar pausas estratégicas para assegurar que nos encontramos no trajeto desejado. Em cada "parada na estrada", os cônjuges têm a oportunidade de avaliar com calma se estão seguindo na direção certa para atingir os objetivos comuns do relacionamento,

Famílias indestrutíveis

sempre com uma abordagem serena, sem emoções exacerbadas ou reações precipitadas.

As relações conjugais são forjadas dia após dia e cada escolha que fazemos em nosso relacionamento contribui para o futuro a dois; por isso a harmonia e o amor dentro da família precisam ser constantemente cultivados e defendidos contra quaisquer fatores que possam enfraquecê-los. A saúde do casamento é mantida por intermédio de decisões intencionais e abnegadas, que reforçam o vínculo e promovem a unidade familiar.

Trate a causa, não o sintoma

Entender a complexidade dos relacionamentos exige um olhar atento a conflitos subjacentes, pois há uma tendência a se fixar em discordâncias superficiais e desviar a atenção das verdadeiras raízes dos problemas. Considerar os sintomas temporários apenas pode trazer um alívio imediato, mas não conduz a uma resolução permanente. Portanto, em vez de tentar remediar as tensões, torna-se necessário tratar as questões fundamentais que geraram tais conflitos e, desse modo, evitar que eles se repitam.

Essa dinâmica pode ser equiparada ao desafio enfrentado por Hércules em sua luta contra a Hidra de Lerna,[9] pois a estratégia encontrada pelo herói para derrotar a criatura foi dupla. Em primeiro lugar, ele percebeu que cortar as cabeças do monstro era ineficaz, pois quando uma era cortada, duas novas cresciam em seu lugar. A solução veio com a ajuda de seu

---

9   A Hidra de Lerna era uma criatura mitológica temida na Grécia Antiga, conhecida por ser um monstro serpentino de várias cabeças. Esta criatura habitava o pântano de Lerna na Argólida, um local que os antigos acreditavam ser uma entrada para o submundo. Ela era famosa por seu hálito venenoso e sangue tóxico. O segundo dos doze trabalhos de Hércules era matar a Hidra de Lerna; feito que destacou a astúcia e a força de Hércules, além de solidificar a Hidra como um símbolo de desafio aparentemente insuperável.

A arte de resolver conflitos

A herança do Senhor

não porquinhos-da-índia; jamais permita-se caminhar por uma direção em que a conexão humana é relegada a um plano secundário.

Não obstante a questão relacional, existe ainda um equívoco recorrente na mentalidade contemporânea, que é associar a procriação ao empobrecimento. Acredita-se que despesas com a criação e o ensino dos pequenos são pesadas a ponto de levar uma família a uma situação financeira precária; ou que para sustentá-la é necessário pertencer à elite socioeconômica. Também temem que a chegada de um bebê acarrete maior estresse e possíveis impactos negativos no trabalho. Embora preocupações financeiras sejam compreensíveis e exijam uma gestão responsável, não podem governar nossa vida; o dinheiro é um meio, não um fim em si mesmo. Sustentar e educar uma criança demanda, sim, uma quantia razoável de recursos monetários, então, além de agir com prudência econômica, devemos manter nossa confiança em Deus, que é Pai, Provedor e em todo tempo cuida de nós.

> **SUSTENTAR E EDUCAR UMA CRIANÇA DEMANDA, SIM, UMA QUANTIA RAZOÁVEL DE RECURSOS MONETÁRIOS, ENTÃO, ALÉM DE AGIR COM PRUDÊNCIA ECONÔMICA, DEVEMOS MANTER NOSSA CONFIANÇA EM DEUS, QUE É PAI, PROVEDOR E EM TODO TEMPO CUIDA DE NÓS.**

No Evangelho de Mateus, Jesus diz para não nos angustiarmos com as necessidades básicas da vida. Ele ilustra que, assim como Deus cuida de aves e flores com dedicação, não negligenciará as carências da humanidade — sua criação preciosa:

> Por isso, digo a vocês que **não se preocupem com a própria vida,** quanto ao que comer ou beber; nem com o corpo, quanto ao que vestir. A vida não é mais importante do que a comida, e o corpo mais importante do que a roupa? Observem as aves do céu: não semeiam, nem colhem, nem armazenam em celeiros.

Famílias indestrutíveis

Contudo, o Pai celestial de vocês as alimenta. Vocês não têm muito mais valor do que elas? Quem de vocês, por mais que se preocupe, pode acrescentar uma hora que seja à sua vida? [...] Portanto, não se preocupem, dizendo: "O que comeremos?", "O que beberemos?" ou "O que vestiremos?". [...] Busquem, pois, em primeiro lugar o reino de Deus e a sua justiça, e todas essas coisas serão acrescentadas a vocês (Mateus 6.25-27, 31, 33, grifo nosso).

Na epístola aos Filipenses, Paulo reforça a mensagem de Cristo, e garante que Deus atenderá todas as nossas necessidades de acordo com as suas gloriosas riquezas em Cristo Jesus (cf. Filipenses 4.19); ou seja, sua provisão será abundante e generosa. Ambos os trechos bíblicos nos lembram que, embora as preocupações materiais sejam válidas, existe uma fonte de sustento e apoio que ultrapassa as limitações econômicas. Não bastassem todas essas orientações, ainda somos intensamente confrontados pelas palavras de Cristo, quando ele esclarece que não podemos servir a Deus e a Mamom — ou dinheiro — ao mesmo tempo (cf. Lucas 16.13). Talvez pensemos que essa confrontação jamais possa se aplicar a nós, porém é válido refletir: quando penso em algum projeto, é o dinheiro ou o Senhor quem determina se devo seguir em frente?

Lendo as passagens bíblicas repletas das imensas linhas genealógicas do povo de Deus, fica evidente que a escolha de terem ou não filhos não era orientada pelas finanças, afinal de contas, mesmo quando foram subjugados à escravidão, continuavam ampliando suas famílias. As Escrituras afirmam que o total dos descendentes de Jacó — ou Israel — era de setenta pessoas ao chegarem ao Egito, porém se multiplicaram e tornaram-se tão numerosos que preencheram aquela terra:

Os israelitas, porém, eram férteis, proliferaram, **tornaram-se numerosos e fortaleceram-se muito**, tanto que encheram o país (Êxodo 1.7, grifo nosso).

A herança do Senhor

Agora, se voltarmos a nossa atenção para a reação do rei egípcio diante desse fato, observaremos como gerar filhos não representa pobreza, mas, sim, força. Quando faraó constatou que os descendentes de Jacó haviam crescido, temeu uma possível revolta em caso de um ataque inimigo, e sentiu-se ameaçado (cf. Êxodo 1.8-10). Por conta disso, uma carga excessiva de trabalho foi imposta tanto aos homens quanto às mulheres de Israel, a fim de esgotá-los e assim tentar reduzir a procriação desse povo. Porém, "quanto mais eram oprimidos, mais numerosos se tornavam e mais se espalhavam [...]" (Êxodo 1.12).

Ao se dar conta de que a sobrecarga de trabalho não impedia o aumento dos hebreus, o rei recorreu a uma medida ainda mais drástica de controle populacional, ele ordenou às parteiras que eliminassem os meninos recém-nascidos (cf. Êxodo 1.15-16). Convenhamos que o relato de um levante tão audaz contra os pequeninos torna claro como o dia que a multiplicação do povo de Deus representa uma forte ameaça ao sistema maligno de Satanás; revela que ele alimenta uma aversão explícita à ideia da família e busca pervertê-la ou destruí-la incessantemente e a todo custo.

Essa história, no entanto, revela um desfecho surpreendente: as parteiras, temendo a Deus, optaram por desobedecer às ordens reais e preservar a vida dos bebês (cf. Êxodo 1.17). Elas tinham consciência de que poderiam sofrer graves consequências nas mãos do governo egípcio, mas foram fiéis ao Senhor, e o Todo-Poderoso foi bondoso com elas, poupando-as da punição terrena (cf. Êxodo 1.20-21). É inspirador ler como o povo de Israel resistiu e venceu as tentativas faraônicas de subjugá-los; posteriormente, puderam contar com a miraculosa ascensão de Moisés, que os conduziria para fora do Egito, livrando-os da escravidão, apontando também para a figura do Messias vindouro. Assim como os israelitas depositaram sua fé no Altíssimo, podemos hoje encontrar nele uma fonte de esperança e força para qualquer momento do matrimônio, especialmente na concepção de um filho.

A história do povo de Deus é, de fato, um testemunho poderoso de que, mesmo sob circunstâncias adversas, uma família numerosa sinaliza bênção e força. Na vida moderna, certos aspectos podem ser análogos à opressão vivida pelos hebreus escravizados no Egito. Somos subjugados por coerções simbólicas em um mundo que jaz no Maligno (cf. 1João 5.19), enquanto também lidamos com exaustivas demandas e estresses em diversas áreas da vida. Tamanha saturação tem o potencial de desviar o foco daquilo que realmente importa, e em tal cenário, casais se veem perante uma bifurcação. Uma via os conduz a renderem-se às pressões e adotar uma visão materialista em detrimento da fecundidade da família; fazem do lar um refúgio solitário, em que a riqueza preenche os espaços, mas não aquece os corações.

> **MAIS DO QUE PROVOCAR UM AUMENTO POPULACIONAL OU DEMONSTRAR FORÇA POR MEIO DE UMA VASTA E HONROSA LINHAGEM, O MANDATO CULTURAL DE SERMOS FÉRTEIS E MULTIPLICAR-NOS (CF. GÊNESIS 1.28) REPRESENTA O PRIVILÉGIO DE GERAR E EDUCAR UMA ALMA ETERNA.**

O outro caminho, por sua vez, é pavimentado pela coragem de desafiar as marés da convenção contemporânea e honrar o desígnio sagrado de formar uma família segundo o coração do Pai. Mais do que provocar um aumento populacional ou demonstrar força por meio de uma vasta e honrosa linhagem, o mandato cultural de sermos férteis e multiplicar-nos (cf. Gênesis 1.28) representa o privilégio de gerar e educar uma alma eterna. Nesse processo, há uma beleza sublime e sem precedentes, pois embora sucessores sejam frutos biológicos de seus pais, receberam vida do próprio Deus e carregam a capacidade de contribuir para a expansão do Reino celestial na Terra.

A herança do Senhor

Ser responsável por uma criança requer uma dedicação enorme, além de diversos sacrifícios; não à toa há tantos que procuram esquivar-se dessa incumbência, usando até mesmo o trabalho como escape e colocando os pequeninos em uma posição de empecilhos a suas metas pessoais. É por isso que a famosa citação nos alerta: "Filhos não são a distração que nos impede de fazer um trabalho importante. Eles são o trabalho importante"[6]. Enquanto muitos buscam satisfação em realizações profissionais, títulos acadêmicos ou viagens pelo mundo, cabe-nos colocar a filiação em um patamar superior, pois participar do desenvolvimento e formação de uma vida é uma das mais nobres realizações que existe.

Dominar a arte de criar filhos é um exercício de paciência e fé no Senhor. Como G. K. Chesterton[7] observou, essa tarefa detém um caráter quase profético, uma vez que incumbe os pais de transmitir valores morais e espirituais, transmitir lições de vida e moldar o futuro de seus pequeninos por meio da orientação e do exemplo. Desse modo, ser pai e mãe se revela uma jornada de autoconhecimento e descoberta espiritual, em que os mistérios da existência são contemplados por meio dos olhos das crianças:

> Pois lembro com plena certeza deste fato psicológico fixo: no preciso tempo em que mais estive sob a autoridade de uma mulher, mais plena era minha vida de aventuras e de paixão. Exatamente porque quando minha mãe dizia que as formigas mordem elas realmente mordiam, e porque a neve realmente

---

6 Citação comumente atribuída a C. S. Lewis, embora sua autoria exata seja incerta e não haja registros conclusivos que comprovem sua autoria.

7 G. K. Chesterton foi um escritor inglês prolífico, conhecido por sua versatilidade e engenhosidade literária. Ele escreveu em diversos gêneros — ficção, crítica literária, poesia, peças de teatro, biografias, apologética cristã e filosofia. Chesterton é mais famoso por suas histórias de detetive protagonizadas pelo Padre Brown, um personagem que combina aguda intuição psicológica com profunda moralidade cristã. Seu estilo é marcado por paradoxos e alegorias, e visa tanto entreter quanto provocar reflexões sobre questões sociais, políticas e religiosas.

vinha no inverno (como ela disse); por isso e muito mais o mundo inteiro era para mim uma terra encantada cheia de deleites maravilhosos: era como viver na época dos antigos hebreus, em que profecia após profecia se realizava.[8]

Para além desse, existem inúmeros aspectos encantadores da procriação revelados na Bíblia. Ela nos oferece, por exemplo, uma visão deslumbrante sobre a dimensão redentora da maternidade (cf. 1Timóteo 2.15). Ao tornar-se mãe, a mulher experimenta transformações intensas; passa a sacrificar-se como nunca — abdica do próprio conforto físico, lida com a privação de sono, alterações hormonais e estéticas, etc. Em meio a tudo isso, o Senhor lhe concede uma graça incomparável: ser o lugar seguro, fonte de amor, alimento e direção de uma pequena criatura recém-chegada à Terra.

Durante a infância de seu filho, ela testemunha os marcos iniciais: seus primeiros passos e palavras, o encanto pelo descobrimento do mundo e a alegria descomplicada das pequenas coisas. Na adolescência, ela acompanha o desabrochar da individualidade de seu filho, as mudanças físicas e a busca por seus sonhos e propósito de vida. Já na juventude, ela observa a transformação daquela criança em um adulto corajoso e determinado, pronto para encarar os desafios do mundo. Ao enxergar além de si mesma e se doar a outro ser, a mãe deslumbra um amor que a redefine e um vínculo que enriquece sua existência de maneiras que ela nunca imaginou serem possíveis.

De forma semelhante, as palavras de Davi desvendam um olhar ímpar sobre a paternidade: "Como um pai tem compaixão de seus filhos, assim o Senhor tem compaixão dos que o temem" (Salmos 103.13). Nesse versículo, a ternura paternal se desdobra como uma metáfora para a misericórdia do Altíssimo

---

8   CHESTERTON, G. K. **Ortodoxia**. Campinas: Ecclesiae, 2019, p. 329-330.

A herança do Senhor

e acredito não ter sido por acaso, pois é comum a imagem que temos de Deus estar associada à figura de nosso pai. A postura autoritária de alguns pais pode moldar a percepção do Senhor como severo, ao passo que um comportamento mais afetuoso tende a esculpir uma visão mais benevolente e compassiva. Ao formar sua própria família, o homem é chamado a ser um reflexo fiel do Senhor; suas ações e palavras são páginas vivas que seus filhos leem a fim de compreender o Pai celestial.

Ser abençoado com uma família repleta de filhos é uma expressão sagrada da "generatividade" humana; cada criança é um testemunho vivo da graça de Deus e carrega consigo as lições, sonhos e esperanças de seus pais. Filhos são uma ponte entre o passado e o porvir — herdeiros de traços físicos e genéticos, mas também de um legado imaterial. Nossos meninos e meninas representam a promessa viva de um futuro ainda por se desenhar, e no cerne de tudo isto está a verdade de que são uma criação preciosa aos olhos do Senhor, destinada a espelhar sua majestade e perpetuar seu Reino na Terra.

Capítulo 10

A BREVIDADE
DA VIDA

Como folhas que dançam ao vento antes de caírem de uma árvore, assim são os dias do ser humano sob o céu — fugazes, mas infundidos de significado e beleza. Eis o mistério da vida: olhar para além do horizonte visível e contemplar o eterno em meio ao efêmero, lembrar-se de como o ar que respiramos é um dom precioso e cada instante configura um fragmento de tempo que jamais retorna. Nas conversas em família ao redor da mesa, nos olhares que falam mais que palavras e no som das risadas pelos corredores da casa, descobrimos a verdadeira riqueza incutida nos dias que nos foram concedidos viver nesta Terra.

Ao longo da nossa existência, espreita-se uma verdade universal que parece, muitas vezes, ser esquecida: todos compartilhamos a mortalidade. Aliás, é intrigante observar como o Senhor desvela essa realidade logo nas primeiras páginas de sua Palavra:

> Com o suor do seu rosto, você comerá o seu pão, até que volte à terra, visto que dela foi tirado; porque você é pó, e ao pó voltará (Gênesis 3.19).

Famílias indestrutíveis

No pó da terra vislumbramos nosso princípio e fim; tal pensamento, longe de ser sombrio, deve servir como um farol a orientar-nos para uma compreensão profunda sobre a importância do presente. Não à toa, Rubem Alves observou certa vez: "Quem sabe que o tempo está fugindo descobre, subitamente, a beleza única do momento que nunca mais será...".[1] Isso quer dizer que a consciência de que o tempo é limitado pode levar uma pessoa a reconhecer e valorizar a beleza singular de cada instante; portanto, somente aquilo que é tão precioso a ponto de nos levar a ponderar o sacrifício supremo merece nossa atenção e diligência. Agora, atentar-nos ao fato de que morreremos não tem de ofuscar a luz da vida em nossos dias, mas iluminar as escolhas que fazemos: amar de maneira intensa, criar laços significativos, educar nossos filhos com valores e princípios que perdurem.

EIS O MISTÉRIO DA VIDA: OLHAR PARA ALÉM DO HORIZONTE VISÍVEL E CONTEMPLAR O ETERNO EM MEIO AO EFÊMERO, LEMBRAR-SE DE COMO O AR QUE RESPIRAMOS É UM DOM PRECIOSO E CADA INSTANTE CONFIGURA UM FRAGMENTO DE TEMPO QUE JAMAIS RETORNA

A consciência a respeito da fugacidade da vida nos conduz às meditações do rei Salomão, que esclareceu o elo sutil entre a morte e a sabedoria. Hoje, suas palavras ainda são um testemunho de como a dor da perda aguça nossa percepção acerca do que realmente tem valor e nos desperta para uma jornada em busca de sentido para nossas ações, escolhas e desejos:

> É melhor ir a uma casa onde há luto do que a uma casa em festa, pois a morte é o destino de todos; os vivos devem levar isso a sério! (Eclesiastes 7.2).

---

1 ALVES, Rubem. **Tempus Fugit**. São Paulo: Paulus, 1997.

A brevidade da vida

Eclesiastes expõe um dos paradoxos mais pungentes da condição humana: é no contato com a morte que despertamos para a plenitude da vida; tal qual a escuridão da noite realça a luz das estrelas, a sombra da mortalidade acentua o brilho do breve período em que permanecemos neste planeta. Observando atentamente, notamos como o Senhor, Artífice do Universo, insculpiu *"Tempus fugit, memento mori"* no coração de tudo que existe — o contínuo ciclo das estações, a ascensão e declínio de reinos ou a breve beleza de uma flor que desabrocha ao amanhecer e murcha ao entardecer. Em tudo, nota-se enfaticamente: "o tempo foge", portanto, "lembra-te de que morrerás".

Esquecer essa verdade sequer foi uma possibilidade para mim, uma vez que atender a velórios para oferecer suporte a famílias da igreja local tornou-se comum em meu ministério. Presenciei o desconsolo de entes queridos, contemplei lápides de pessoas de diferentes idades e a melancolia dos viúvos a encarar a árdua realidade da solidão. Vi o "tempo de chorar" (cf. Eclesiastes 3.4) de meus irmãos em luto se revelar como um convite para recordarem a vida compartilhada e a profundidade da devoção recíproca que perdurou ao longo do matrimônio. O tempo passava e as lembranças, tingidas de saudade, tornavam-se, aos poucos, testamento de um amor que não foi em vão e deixou marcas permanentes na alma. Tudo isto me impulsionou — e ainda o faz — a uma introspecção acerca do meu próprio casamento.

Questionei-me então sobre como seria lembrado por Jéssica, se viesse a falecer antes dela; perante minhas imperfeições,

> NAS CONVERSAS EM FAMÍLIA AO REDOR DA MESA, NOS OLHARES QUE FALAM MAIS QUE PALAVRAS E NO SOM DAS RISADAS PELOS CORREDORES DA CASA, DESCOBRIMOS A VERDADEIRA RIQUEZA INCUTIDA NOS DIAS QUE NOS FORAM CONCEDIDOS VIVER NESTA TERRA.

Famílias indestrutíveis

ponderei se, após dizer adeus, meu amor teria sido um reflexo vivo da verdade escrita em Efésios 5.25. Quando dissemos "sim" no altar, fizemos a escolha consciente de transformar nosso casamento em um prelúdio das bodas do Cordeiro e persisto na fé de que posso criar memórias que honrem nosso relacionamento e sirvam como testemunho do amor de Cristo pela Igreja. Não seremos marido e mulher na eternidade (cf. Mateus 22.30); no entanto, aqui na Terra, nosso matrimônio é uma oportunidade única de contribuirmos para a santificação um do outro.

> **QUANDO DISSEMOS "SIM" NO ALTAR, FIZEMOS A ESCOLHA CONSCIENTE DE TRANSFORMAR NOSSO CASAMENTO EM UM PRELÚDIO DAS BODAS DO CORDEIRO E PERSISTO NA FÉ DE QUE POSSO CRIAR MEMÓRIAS QUE HONREM NOSSO RELACIONAMENTO E SIRVAM COMO TESTEMUNHO DO AMOR DE CRISTO PELA IGREJA.**

Olhar para a aliança matrimonial com essa perspectiva é absolutamente fundamental para entender a importância de perdoar o cônjuge e desejar sua salvação. Afinal, quantas separações conjugais não são motivadas por interesses mesquinhos e uma visão pequena acerca da vida? Já perdi a conta dos divorciados que atendi e encontravam-se arrependidos por não terem lutado pelo primeiro casamento (o autêntico), ao passo que amargavam com a terceira ou quarta tentativa de relação amorosa.

Por mais dura que seja a rotina, por maiores que sejam os defeitos do cônjuge, por mais penoso que seja o labor dos deveres domésticos, sempre valerá a pena lutar pela família. Além disso, é salutar lembrar diariamente que o mesmo companheiro que um dia proferiu os votos no altar nupcial, um dia dirá "adeus". O cristão, como orou Jonathan Edwards,[2] deve desejar ter a eternidade gravada em

---

2   "Lord, stamp eternity on my eyeballs", frase atribuída a Jonathan Edwards.

A brevidade da vida

seus olhos para ser capaz de cumprir o seu dever e amar seu cônjuge até o fim dessa breve peregrinação.

Essa consideração desperta a lembrança de uma verdade elucidada na Bíblia: "A vida do homem é semelhante à relva; ele floresce como a flor do campo, que se vai quando sopra o vento [...]" (Salmos 103.15-16). Ao ler as palavras do rei Davi, é inevitável ponderar sobre a fragilidade da nossa existência; elas nos convidam a superar as preocupações com o transitório e direcionam nossa atenção ao que é espiritualmente eterno. Afinal, enquanto tudo no mundo material é passageiro, o Senhor e sua Palavra permanecem imutáveis.

Acredito, ainda, ser possível discernir uma analogia muitas vezes não observada. A relva, adaptada para sobreviver a condições adversas, possui um ciclo de vida perene, capaz de renascer após períodos de dormência ou de se regenerar após ser cortada ou consumida. De maneira similar, com a graça de Deus aprendemos a nos reerguer após cada revés e conseguimos florescer nos terrenos mais estéreis de nossas experiências. A flor do campo, por sua vez, é caracterizada por sua função reprodutiva. Após cumprir seu papel, ela murcha e morre, mas não sem antes deixar sementes que perpetuarão a espécie. Nós também carregamos a potencialidade de deixar uma marca no mundo; cada ação nossa é como uma semente, capaz de germinar e florescer.

> COM A GRAÇA DE DEUS APRENDEMOS A NOS REERGUER APÓS CADA REVÉS E CONSEGUIMOS FLORESCER NOS TERRENOS MAIS ESTÉREIS DE NOSSAS EXPERIÊNCIAS

Como homem, marido, pai, trabalhador, etc., devo compreender a responsabilidade que recai sobre mim de otimizar cada momento que o Senhor me concede. Ele, soberano sobre o tempo, determinou o início de minha jornada terrena e detém a sabedoria sobre seu eventual término.

Famílias indestrutíveis

Portanto, esforço-me para tornar a oração de Moisés minha também: "Ensina-nos a contar os nossos dias para que o nosso coração alcance sabedoria" (Salmos 90.12). Em uma passagem posterior, a Palavra apresenta a vida como uma série de acontecimentos que se sucedem com precisão quase matemática. Nascer, morrer, plantar, colher (cf. Eclesiastes 3) — ações e reações que se desdobram sob a supervisão do Altíssimo.

> **NÓS TAMBÉM CARREGAMOS A POTENCIALIDADE DE DEIXAR UMA MARCA NO MUNDO; CADA AÇÃO NOSSA É COMO UMA SEMENTE, CAPAZ DE GERMINAR E FLORESCER.**

Um paralelo intrigante se revela na obra shakespeariana *A Tempestade*. Apesar da correlação entre os textos, a religião de William Shakespeare continua sendo um mistério; assim, é difícil afirmar que as Escrituras possam ter sido, de fato, a fonte de inspiração do autor. Independentemente de suas crenças pessoais, é notável como sua obra encapsula uma reflexão que ecoa a verdade bíblica. Evitarei redundâncias sobre a questão; prefiro deixar que as palavras de Próspero, um dos personagens centrais, articulem o ponto com maior eloquência.

No clímax da peça, prestes a renunciar aos seus poderes mágicos como um sinal de mudança em seu caráter e intenções, Próspero apresenta um monólogo simbólico, após orquestrar um encontro entre os náufragos da tempestade e os habitantes da ilha:

> Você parece, meu filho, estar atônito,
> Como se temesse algo. Fique alegre, senhor;
> Nossa festa terminou. Esses nossos atores,
> Como já lhe havia adiantado, são todos espíritos e
> Dissolveram-se no ar, no ar diáfano,
> E tal como a construção irreal dessa visão,
> As torres que rompem as nuvens, os palácios magníficos,

A brevidade da vida

Os templos solenes, mesmo o grande globo,
Sim, tudo que nele virá a ser, se dissolverá
Como essa insubstancial dança se desvaneceu,
Sem deixar traço. Somos da mesma matéria
Da qual são feitos os sonhos e nossa vida breve
É cingida pelo sono [...][3]

Suas palavras comparam a existência humana, incluindo todas as suas realizações, a sonhos débeis. O autor usa metáforas fascinantes — "as torres que rompem as nuvens", "os palácios magníficos" e até mesmo "o grande globo" — para expressar a efemeridade da vida, comparando-a a um espetáculo teatral que, uma vez terminado, deixa apenas lembranças. Tanto a perspectiva do rei Salomão quanto a de Shakespeare convergem na ideia de que a vida é marcada pela fugacidade. Enquanto em Eclesiastes enfatiza-se a ordem e o ciclo natural das coisas, o dramaturgo inglês destaca quão breves são os instantes que desfrutamos na Terra e como mesmo as nossas maiores conquistas perecerão, por mais que tenham valor expressivo em determinado momento, tal qual uma peça de teatro.

A brevidade de nossos dias enfatiza lições valiosas a nós: como viver de modo prudente — direcionando nossas ações aos propósitos divinos e gerenciando o tempo que nos foi concedido conforme os princípios da boa mordomia —, com temperança, isto é, desfrutando dos prazeres de modo equilibrado, também com justiça e ordem no que diz respeito aos nossos valores, deveres e afetos. Desde o anúncio de *"Shemá Yisra'el"*,[4] quando instruiu o povo hebreu acerca de seus estatutos por

---

3   Monólogo de Próspero, Ato IV, Cena 1 – SHAKESPEARE, William. **A Tempestade**. Tradução Rafael Raffaelli. Florianópolis: Editora da UFSC, 2014.

4   Em hebraico, שְׁמַע יִשְׂרָאֵל (*Shemá Yisra'el*), que significa "Ouça, Israel". A parte mais conhecida e central é: "Ouça, Israel: o Senhor, o nosso Deus, é o único Senhor" (Deuteronômio 6.4). O *Shemá* é uma afirmação da fé judaica e um lembrete constante da presença e soberania de Deus.

Famílias indestrutíveis

A BREVIDADE DE NOSSOS DIAS ENFATIZA LIÇÕES VALIOSAS A NÓS: COMO VIVER DE MODO PRUDENTE – DIRECIONANDO NOSSAS AÇÕES AOS PROPÓSITOS DIVINOS E GERENCIANDO O TEMPO QUE NOS FOI CONCEDIDO CONFORME OS PRINCÍPIOS DA BOA MORDOMIA –, COM TEMPERANÇA, ISTO É, DESFRUTANDO DOS PRAZERES DE MODO EQUILIBRADO, TAMBÉM COM JUSTIÇA E ORDEM NO QUE DIZ RESPEITO AOS NOSSOS VALORES, DEVERES E AFETOS.

meio de Moisés, Deus, com excelsa sabedoria, já delimitara pontos fundamentais a guiar nossa breve vida na Terra:

— Ouça, Israel: o Senhor, o nosso Deus, é o único Senhor. Ame ao Senhor, o seu Deus, com todo o seu coração, com toda a sua alma e com todas as suas forças. Que todas estas palavras que hoje lhe ordeno estejam no seu coração. **Ensine-as com persistência aos seus filhos.** Fale sobre elas quando estiver sentado em casa e quando andar pelo caminho; quando se deitar e quando se levantar. Amarre-as como sinal nas mãos e prenda-as na testa. Escreva--as nos batentes das portas da sua casa e nos seus portões.

— O Senhor, o seu Deus, os conduzirá à terra que daria a vocês e sobre a qual jurou aos seus antepassados, Abraão, Isaque e Jacó, terra com grandes e boas cidades [...]. Quando isso acontecer e vocês comerem e ficarem satisfeitos, tenham cuidado! **Não se esqueçam do Senhor que os tirou** do Egito, **da terra da escravidão.**

— **Temam ao Senhor**, o seu Deus, e só a ele prestem culto [...]. **Obedeçam cuidadosamente aos mandamentos do Senhor**, o seu Deus, aos testemunhos e aos estatutos que ele ordenou a vocês [...].

— No futuro, **quando os seus filhos perguntarem a vocês:** "O que significam estes testemunhos, estatutos e ordenanças que o Senhor, o nosso Deus, ordenou a vocês?", **vocês lhes responderão: "Fomos escravos do faraó no Egito,**

A brevidade da vida

mas o Senhor nos tirou de lá com mão poderosa. [...] Ele nos tirou do Egito para nos trazer para cá e nos dar a terra que **prometeu sob juramento aos nossos antepassados.** O Senhor nos ordenou que obedecêssemos a todos estes estatutos e que temêssemos ao Senhor, o nosso Deus, para que sempre fôssemos bem-sucedidos e preservados em vida, como hoje se pode ver (Deuteronômio 6.4-24, grifos nossos).

Do mesmo modo que tais instruções serviram para conduzir os israelitas e continua sendo uma confissão da fé judaica, devem direcionar a vida de todos os que em Cristo pertencem ao povo de Deus hoje (cf. 1Pedro 2.9-10). Nessa passagem, a Palavra nos revela a importância do temor e da obediência ao Senhor: o Único e Eterno Deus. Temos de nos lembrar de tudo o que ele fez por nós, guardar os seus preceitos firmemente em nossos corações e praticá-los, além de preservar as promessas divinas de geração em geração. Não negligenciemos a responsabilidade de inculcar os ensinamentos do Altíssimo em nossos filhos; essa prática deve ser consistente na vida diária — em diferentes momentos e situações: sentados à mesa nas refeições, durante passeios, brincadeiras no quintal, quando os ajudarmos nas tarefas escolares e em tantas outras ocasiões. Cabe a nós o compromisso de testemunhar aos pequeninos os gloriosos feitos do Senhor em nossos dias, a fim de os educarmos, para que se tornem sinais de esperança em um mundo corrompido.

Oro para que em cada canto de nossas casas e de nosso ser se propague a semente de uma transformação profunda, que forjará famílias indestrutíveis, resistentes ao desgaste

Famílias indestrutíveis

do tempo, às tempestades da vida e incertezas do mundo moderno. Que cada um de nós viva os dias não ao sabor do acaso, entregues ao piloto automático, mas, sim, orientados pelo temor ao Senhor e pela obediência à Palavra; levantem-se maridos e esposas, pais e mães, segundo o coração do Senhor. Que nossas famílias cresçam vigorosamente e floresçam, revelando beleza, força e valor, não apenas para a nossa geração como também às vindouras, até o último dia que o homem habitar esta Terra.

GUIA DE LEITURA

Para entender os fundamentos da tradição e do ordenamento simbólico, mergulhei em um mundo de leituras e estudos minuciosos. Explorei textos antigos e contemporâneos, a fim de assimilar o saber tradicional; cada livro compôs uma etapa importante em minha busca por conhecimento. Agora, sinto-me honrado por poder compartilhar esta trajetória literária com você, caro leitor. Ofereço, nas páginas seguintes, algumas propostas de leitura cuidadosamente selecionadas, que poderão servir como um mapa para sua própria jornada de reflexões e aprendizado.

Obras clássicas

Antes de sugerir livros específicos sobre casamento e família, gostaria de recomendar a leitura de alguns clássicos, sobretudo do campo da Filosofia. Cada obra sugerida teve um papel importante na História e, ao longo do tempo, ajudou a moldar o modo de pensar, agir e ver o mundo. O efeito de tais literaturas impactou diretamente os antigos, sendo também cruciais para resgatar valores elementares em nossos dias.

Famílias indestrutíveis

Acredito que, sem uma base intelectual sólida e a compreensão filosófica primordial oferecida por tais textos, pode ser desafiador entender as sutilezas de nosso modo de pensamento. Portanto, considero fundamental a imersão nestas leituras para os que procuram ampliar sua percepção sobre a vida e assuntos afins:

1. Os quatro amores, C. S. Lewis
2. Cristianismo puro e simples, C. S. Lewis
3. Crime e castigo, Fiódor Dostoiévski
4. O saber dos antigos, Giovanni Reale
5. A vida intelectual, A.-D. Sertillanges
6. As ideias têm consequências, Richard Weaver
7. A abolição do homem, C. S. Lewis
8. Memórias do subsolo, Fiódor Dostoiévski
9. Ortodoxia, G. K. Chesterton
10. O que há de errado com o mundo, G. K. Chesterton
11. O homem eterno, G. K. Chesterton
12. Fédon, Platão
13. A república, Platão
14. O banquete, Platão
15. Ética a Nicômaco, Aristóteles
16. Metafísica, Aristóteles
17. Confissões, Santo Agostinho de Hipona
18. De beata vita, Santo Agostinho de Hipona
19. Summa teológica, São Tomás de Aquino

Obras de reordenamento simbólico e imaginário

Estas criações se contrapõem à abordagem de obras contemporâneas em sua reflexão a respeito dos papéis masculino e

Guia de leitura

feminino. São verdadeiras joias da literatura — da genialidade de seus autores, que guiam o leitor à apreciação da beleza nas interações humanas, além de contribuir para a formação de um imaginário puro e refinado:

1. Romeu e Julieta, William Shakespeare
2. Hamlet, William Shakespeare
3. MacBeth, William Shakespeare
4. O Senhor dos anéis, J. R. R. Tolkien
5. O Silmarillion, J. R. R. Tolkien
6. Beren e Lúthien, J. R. R. Tolkien
7. Ilíada, Homero
8. Odisseia, Homero

Sabedoria conjugal

A seguir, apresento finalmente os livros que julgo essenciais àqueles que almejam aprofundar-se no conhecimento, a fim de construírem um casamento saudável. Nas páginas destas obras, o leitor descobrirá um vasto leque de saberes que me inspiraram e que emprego em minha prática com casais:

1. A descoberta do outro, Gustavo Corção
2. Claro escuro, Gustavo Corção
3. Três para casar, Fulton J. Sheen
4. Quando pecadores dizem "sim", Dave Harvey
5. Casamento temporário, John Piper
6. Reformando o casamento, Douglas Wilson
7. Minha vida por você, Douglas Wilson
8. A superstição do divórcio, G. K. Chesterton
9. Estudos sobre o amor, José Ortega y Gasset

Famílias indestrutíveis

10. Felicidade conjugal, Liev Tolstói
11. Desejo sexual, Roger Scruton
12. Dos bens do matrimônio, Santo Agostinho de Hipona

Tesouros infantis

Por fim, proponho uma seleção de livros para crianças. Como pai, compreendo a dificuldade de encontrar uma literatura que contribua para o desenvolvimento de valores e virtudes em nossos pequeninos. Não à toa, recomendo estas obras que certamente enriquecerão o imaginário infantil e auxiliarão na formação de um caráter íntegro:

1. As crônicas de Nárnia, C. S. Lewis
2. Sr. Boaventura, J. R. R. Tolkien
3. As aventuras de Tom Bombadil, J. R. R. Tolkien
4. O Hobbit, J. R. R. Tolkien
5. Vinte mil léguas submarinas, Júlio Verne
6. A volta ao mundo em oitenta dias, Júlio Verne
7. A ilha do tesouro, Robert Louis Stevenson
8. O pequeno príncipe, Antoine de Saint-Exupéry
9. As aventuras de Tintim – série completa, Georges Prosper Remi
10. Asterix e Obelix – série completa, René Goscinny e Albert Uderzo

Esta obra foi composta em *Miller Text*
e impressa por Gráfica Expressão e Arte sobre papel
Off-set 75/m² para Editora Vida.